Julika Betz / Anneli Billina

Deutsch üben

Hören & Sprechen B2

BUCH MIT AUDIOS ONLINE

Hueber Verlag

Den kostenlosen MP3-Download zum Buch finden Sie unter ww.hueber.de/audioservice
Inhalt der MP3-Daten © 2019 Hueber Verlag GmbH & Co. KG, München, Deutschland
Sprecherin und Sprecher: Verena Rendtorff, Fabian von Klitzing
Produktion: Tonstudio Langer, 85375 Neufahrn bei Freising, Deutschland

Cover, Rücktitel: © Getty Images/E+/MStudioImages
Illustrationen: Irmtraud Guhe, München

4. 3. 2. | Die letzten Ziffern
2027 26 25 24 23 | bezeichnen Zahl und Jahr des Druckes.
Alle Drucke dieser Auflage können, da unverändert, nebeneinander benutzt werden.
1. Auflage

Umschlaggestaltung: Sieveking · Agentur für Kommunikation, München
Layout und Satz: Sieveking · Agentur für Kommunikation, München
Verlagsredaktion: Hans Hillreiner, Sonja Ott-Dörfer, Hueber Verlag, München
Druck und Bindung: F&W Druck- und Mediencenter GmbH, Kienberg
Printed in Germany
ISBN 978-3-19-767493-3

Art. 530_27107_001_02

Inhalt

Vorwort

Liebe Lernerinnen und Lerner,

Deutsch üben **Hören und Sprechen B2** ist ein Übungsbuch mit MP3-Download (www.hueber.de/audioservice), das für fortgeschrittene Deutschlerner mit Vorkenntnissen auf dem Niveau B1 zum selbstständigen Üben und Wiederholen konzipiert ist.
Es kann zur Vorbereitung auf das kulturelle Leben in deutschsprachigen Ländern und zur Aufrechterhaltung und Vertiefung vorhandener Sprachkenntnisse eingesetzt werden.
Mit **Hören und Sprechen B2** können Sie Kurspausen überbrücken oder sich auf die Prüfungen der Niveaustufe B2 des *Gemeinsamen Europäischen Referenzrahmens* vorbereiten.

Hören und Sprechen B2 orientiert sich an den gängigen B2-Lehrwerken und trainiert die genannten zwei Fertigkeiten auf dem Niveau B2. Die abwechslungsreichen Hörverständnis- und Sprechübungen behandeln aktuelle Themen, die für die Teilhabe am gesellschaftlichen Diskurs relevant sind.

Die Dialoge sind so authentisch wie möglich gehalten, das bedeutet, dass sie manchmal mit einem leichten landes- und regionaltypischen Akzent vorgetragen werden. Zum Nachlesen und zur Verständnissicherung sind alle Hörtexte im Buch abgedruckt.

Zu allen Übungen finden Sie eindeutige Lösungen jeweils direkt auf den Folgeseiten der Übungen bzw. in den Tonaufnahmen. Die abgedruckten Texte sind nicht zum Mitlesen gedacht, da ja das Hörverständnis geübt werden soll.

Bitte hören Sie längere Texte und Dialoge mehrmals und benutzen Sie für Nachsprech- und Schreibübungen die Pause-Funktion Ihres Abspielgerätes. So können Sie die Länge der Pausen selbst bestimmen.

Ein freundlicher Moderator führt Sie mit klaren Anweisungen durch die Tracks. Unterhaltsame Illustrationen erleichtern den Einstieg in die jeweilige Thematik des Kapitels und fördern so den Lernerfolg.

Viel Freude und Erfolg wünschen

Autorinnen und Verlag

A Streitkultur

A1 Krach in der WG

▶ 1

1 a) Hören Sie den Text einmal, dann lesen Sie die Sätze unten. Nun hören Sie den Text noch einmal und kreuzen Sie an: Was ist richtig, was ist falsch?

	richtig	falsch
1. Elias findet es unsinnig, den Schmutz von anderen wegzuputzen.	☐	☒
2. Anne hat sich darum gekümmert, dass alles geputzt ist.	☐	☐
3. Elias sagt, dass er sich gern mit Anne unterhält.	☐	☐
4. Elias möchte, dass Anne nun aus der Wohnung auszieht.	☐	☐
5. Elias will Anne ein paar Sachen erklären.	☐	☐
6. Anne findet Elias zu streng, was die Sauberkeit betrifft.	☐	☐
7. Anne verspricht, dass sie nie mehr jemanden in Elias' Bett übernachten lässt.	☐	☐
8. Elias findet, dass Anne zu viel zu Hause kocht.	☐	☐
9. Elias ärgert sich darüber, dass Anne sich um nichts in der WG kümmert.	☐	☐

	richtig	falsch
10. Anne stellt fest, dass Elias immer nur in seinem Zimmer bleibt und lernt, auch wenn sie Freunde mitbringt.	☐	☐
11. Elias lässt Anne jetzt immer alleine kochen.	☐	☐
12. Anne verspricht, dass sie jetzt immer das Bad putzen wird.	☐	☐

▶ 2 **1 b) Jetzt sind Sie dran. Hören Sie und wiederholen Sie.**

▶ 1 **1 a) Text**

Anne und Elias wohnen seit Kurzem zusammen in einer WG. Sie verstehen sich eigentlich ganz gut, doch immer wieder kommt es zwischen den beiden zum Streit, was die Aufgabenverteilung im Haushalt betrifft.

Elias: Wie sieht's denn hier aus? Anne, wo bist du, verdammt noch mal!

Anne: Hey, Elias! Ich dachte, du kommst erst morgen zurück. Sorry, wir haben hier ein bisschen gefeiert.

Elias: Ja, das sehe ich. Aber den ganzen Dreck räumst du dieses Mal alleine weg. Ich sehe gar nicht ein, dass du hier ständig Party machst – und aufräumen muss ich dann!

Anne: Jetzt komm mal wieder runter! Ich wusste ja nicht, dass du heute schon zurückkommst. Sonst hätte ich mich rechtzeitig darum gekümmert ...

Elias: Das glaubst du ja selbst nicht. Das ist ja nicht das erste Mal, dass hier so ein Chaos herrscht. Ich habe das jetzt wirklich satt – wir müssen unbedingt mal reden.

Das ist jetzt echt nicht dein Ernst: Hat etwa jemand von deinen Typen in meinem Bett geschlafen?

Anne: Entschuldige, ich hätte dich vorher fragen sollen ...

Elias: Jetzt bist du echt zu weit gegangen. Mein Bett, das ist meine absolute Privatsphäre – und das weißt du auch! Da hat niemand was drin zu suchen, und schon gar nicht ein Fremder.

Anne: Aber das ist doch kein Fremder gewesen, das war doch Jonas, du weißt schon, der ...

Elias: Hey, das interessiert mich überhaupt nicht, wer das war. Ich möchte, dass wir jetzt ein für alle Mal ein paar Dinge klären.

Anne: Ist ja schon gut ... Aber bitte mach nicht so ein Drama daraus.

Elias: Also erstens: Mein Zimmer bleibt tabu. Für dich und für alle anderen. Wenn ich dich noch einmal dabei erwische, dass du jemandem erlaubst, in meinem Bett zu übernachten, dann ziehe ich aus. Das ist echt so was von eklig! Ich verstehe überhaupt nicht, warum du das nicht nachvollziehen kannst.

Anne: Du kannst doch einfach die Bettwäsche wechseln und fertig! Ich kapier' echt nicht, wo da das Problem ist. Ich finde, du übertreibst da wirklich mit deiner Hygienemanie. Aber, na bitte, wenn es für dich so wichtig ist, dann halte ich mich in Zukunft daran.

Elias: Das ist aber äußerst gnädig von dir ... Zweitens: Wann hast du eigentlich zum letzten Mal eingekauft? Beim Essen bist du gleich dabei, aber wenn es ums Einkaufen und Kochen geht, da hältst du dich immer schön zurück.

Anne: Das ist aber jetzt echt gemein von dir! Du sagst doch immer, dass du gern in Gesellschaft isst und gern für andere kochst. Und jetzt machst du mir daraus einen Vorwurf! Das ist so was von unfair!

Elias: Ich koche auch gern für dich, aber findest du es nicht selbstverständlich, dass du auch in irgendeiner Form etwas zu unserem WG-Leben beiträgst?

Anne: Das tue ich doch. Ich sorge für unsere – und deine – sozialen Kontakte. Wenn du mich nicht hättest, würdest du dich doch nur noch in deinem Zimmer vergraben und lernen.

Elias: Das wäre mir im Augenblick auch lieber. Wir können uns ja zumindest auf einen Kompromiss einigen: Du bringst ein paar Leute weniger mit nach Hause und nutzt die gewonnene Zeit dafür, ab und zu mal das Bad zu putzen. Dafür erlasse ich dir auch das Kochen.

Anne: Und das Abwaschen auch?

Elias: Wir sind doch hier nicht auf dem Basar! Irgendeine feste Aufgabe im Haushalt musst du jetzt schon mal übernehmen. Irgendetwas, wofür nur du verantwortlich bist. Such dir was aus ...

Anne: Okay. Dann übernehme ich das Einkaufen und das Geschirrabwaschen. Und das Bad putzt jeder abwechselnd. Aber jetzt sei mir bitte nicht mehr böse. Ich freu mich so, dass du wieder zurück bist. Ich habe dir so viel zu erzählen, von der Party gestern: Da war so ein toller Typ, du weißt schon, der Bruder von Hannes ...

1 a) Lösung

	richtig	falsch
1. Elias findet es unsinnig, den Schmutz von anderen wegzuputzen.	☐	☒
2. Anne hat sich darum gekümmert, dass alles geputzt ist.	☐	☒
3. Elias sagt, dass er sich gern mit Anne unterhält.	☐	☒
4. Elias möchte, dass Anne nun aus der Wohnung auszieht.	☐	☒
5. Elias will Anne ein paar Sachen erklären.	☐	☒
6. Anne findet Elias zu streng, was die Sauberkeit betrifft.	☒	☐
7. Anne verspricht, dass sie nie mehr jemanden in Elias' Bett übernachten lässt.	☒	☐
8. Elias findet, dass Anne zu viel zu Hause kocht.	☐	☒
9. Elias ärgert sich darüber, dass Anne sich um nichts in der WG kümmert.	☒	☐
10. Anne stellt fest, dass Elias immer nur in seinem Zimmer bleibt und lernt, auch wenn sie Freunde mitbringt.	☐	☒
11. Elias lässt Anne jetzt immer alleine kochen.	☐	☒
12. Anne verspricht, dass sie jetzt immer das Bad putzen wird.	☐	☒

▶ 2 1 b) Text

1. Ich sehe gar nicht ein, dass du hier ständig Party machst – und aufräumen muss ich dann.
2. Jetzt komm mal wieder runter.
3. Sonst hätte ich mich schon rechtzeitig darum gekümmert.
4. Ich habe das jetzt wirklich satt – wir müssen unbedingt mal reden.
5. Jetzt bist du echt zu weit gegangen.
6. Ich möchte, dass wir jetzt ein für alle Mal ein paar Dinge klären.
7. Ich verstehe überhaupt nicht, warum du das nicht nachvollziehen kannst.
8. Aber, na bitte, wenn es für dich so wichtig ist, dann halte ich mich in Zukunft daran.
9. Beim Essen bist du immer gleich dabei, aber wenn es ums Einkaufen und Kochen geht – da hältst du dich schön zurück.
10. Und jetzt machst du mir daraus einen Vorwurf!
11. Findest du es nicht selbstverständlich, dass du auch in irgendeiner Form etwas zu unserem WG-Leben beiträgst?
12. Wir können uns ja zumindest auf einen Kompromiss einigen.
13. Irgendeine feste Aufgabe im Haushalt musst du jetzt schon mal übernehmen.
14. Irgendetwas, wofür nur du verantwortlich bist.

A2 Fehler sind menschlich

▶ 3 **2 a) Hören Sie den Text einmal, dann lesen Sie die Sätze unten. Nun hören Sie den Text noch einmal und kreuzen Sie an: Was ist richtig, was ist falsch?**

1. Markus Haunstein hat die letzten zwei Nächte nicht geschlafen, weil

   - ☐ er seinem Chef gedroht hat, zu kündigen.
   - ☐ er nicht weiß, wie er seine Arbeit machen soll.
   - ☒ er Angst hat, seinen Job zu verlieren.

2. Markus Haunstein hat zuerst das Duo-Projekt abgeschlossen,

   - ☐ obwohl er wusste, dass das Indien-Projekt wichtiger war.
   - ☐ weil er nicht wusste, wie wichtig das Indien-Projekt war.
   - ☐ weil er dachte, dass es wichtiger war.

3. Wie hätte Markus Haunstein nach Ansicht der Betriebsrätin besser reagiert?

   - ☐ Er hätte besser emotional reagiert.
   - ☐ Er hätte besser anders gehandelt.
   - ☐ Er wäre besser sachlich geblieben.

4. Laut der Betriebsrätin Frau Zunder ist es ganz normal, dass

- ☐ wir keine Fehler zugeben wollen.
- ☐ wir keine Fehler machen.
- ☐ wir so tun, als ob wir ohne Fehler wären.

5. In den Augen von Christian Clemens arbeitet Markus Haunstein zu langsam, daher fordert er ihn auf,

- ☐ etwas mehr Tempo zu machen.
- ☐ einfach mehr Rechtschreibfehler zu machen.
- ☐ nicht mehr im Team zu arbeiten.

6. Die Betriebsrätin meint, wenn Markus sich für sein Handeln entschuldigt, zeigt er damit,

- ☐ dass er vorbereitet ist.
- ☐ dass er durch Fehler lernt.
- ☐ dass er bereit ist, Fehler einzugestehen.

7. Vor dem zweiten Gespräch mit seinem Chef soll sich Markus Haunstein mit der Betriebsrätin

- ☐ versprechen.
- ☐ absprechen.
- ☐ aussprechen.

8. Wie ist Herr Haunstein mit Herrn Clemens verblieben?

- ☐ Er hat einen zweiten Gesprächstermin mit ihm vereinbart.
- ☐ Seit dem Gespräch vermeidet er es, Herrn Clemens zu treffen.
- ☐ Er ist in ein anderes Büro umgezogen.

▶ 4 **2 b) Jetzt sind Sie dran. Ergänzen Sie die Verben bzw. Adverbien in den Antworten, dann hören Sie die Fragen und antworten möglichst frei.**

1. Aus welchem Grund wollte Markus Haunstein mit der Betriebsrätin sprechen?

   Sein Vorgesetzter Christian Clemens hatte ihn zu sich *zitiert*, weil er die Deadline für das Indien-Projekt ________________ hatte.

2. Warum konnte Markus Haunstein das Projekt nicht rechtzeitig abgeben?

   Er konnte den Termin nicht ________________, weil er das andere Projekt ________________ hatte.

3. Wie hat sein Vorgesetzter auf das emotionale Verhalten von Markus Haunstein reagiert?

   Seine Reaktion hat keinen guten Eindruck ________________, zumal er dadurch seinen Fehler ________________ hat, anstatt ihn _____ zu ________________.

4. Was zeigt man, wenn man Kritik akzeptieren kann?

   Man __________ seine Professionalität unter Beweis, wenn man zeigt, dass man Kritik ________________ kann.

5. Was wirft Markus Haunstein seinem Chef vor?

   Dass er an seiner Person ________________ und er ihm nie etwas recht ___________ kann.

6. Wie hat Markus Haunstein auf die Kritik reagiert?

   Er ist sauer ________________. Nun _______ er seinem Chef seit zwei Tagen aus dem Weg.

7. Was schlägt die Betriebsrätin ihm jetzt vor?

   Er soll einen weiteren Gesprächstermin ________________. Dann soll er ________________, indem er sich ________________.

8. Worüber soll Markus Haunstein dann mit seinem Chef sprechen?

   Er soll zur Sprache ____________, dass er teilweise seine Anerkennung

   ____________.

9. Was soll er vor diesem Gespräch machen?

   Er soll bei der Betriebsrätin vorbei____________ und mit ihr

   ____________, wie er seine Wünsche am besten

   ____________ kann.

▶ 3 2 a) Text

Markus Haunstein arbeitet seit Kurzem in einer Werbefirma. Es ist seine erste Stelle nach dem Studium und er möchte alles besonders gut machen. Nun hat sein Vorgesetzter, Herr Christian Clemens, ihn jedoch abgemahnt, weil er die Deadline für ein wichtiges Projekt nicht eingehalten hat. Markus Haunstein sucht jetzt Hilfe beim Betriebsrat, weil er der Ansicht ist, sein Vorgesetzter habe sich ihm gegenüber nicht fair verhalten.

Frau Zunder: Ja, bitte!

Markus Haunstein: Guten Morgen, Frau Zunder.

Frau Zunder: Kommen Sie herein, ich habe Sie schon erwartet. Nehmen Sie doch Platz. Wie geht es Ihnen?

Markus Haunstein: Na ja, ich habe die letzten zwei Nächte nicht wirklich geschlafen, weil ich mir Sorgen mache, wie es jetzt weitergeht. Ich habe Ihnen ja schon in meiner E-Mail angedeutet, dass Herr Clemens mir mit einer Kündigung gedroht hat. Das wäre wirklich das Schlimmste, was mir passieren könnte.

Frau Zunder: Nun erzählen Sie mir doch erst einmal, wie das Gespräch überhaupt ablief.

Markus Haunstein: Herr Clemens hatte mich zu sich zitiert, weil ich die Deadline für das Indien-Projekt drei Tage überzogen hatte.

Frau Zunder: Gab es denn bestimmte Gründe, warum Sie den Termin nicht einhalten konnten?

Markus Haunstein: Ich habe das Duo-Projekt vorgezogen, weil ich dachte, es hätte eine höhere Priorität. Dass an dem Indien-Projekt so viel hängt, wusste ich ja gar nicht! Das hätte er mir ja mal sagen können!

Frau Zunder: Haben Sie Herrn Clemens gegenüber Ihr Verhalten erklärt?

Markus Haunstein: Ja, so wie ich es Ihnen jetzt auch erklärt habe.

Frau Zunder: Das war vielleicht nicht ganz geschickt von Ihnen. Sie hätten besser daran getan, Ihr Handeln sachlich zu begründen, anstatt so emotional zu werden. Verständlicherweise hat Ihre Reaktion keinen allzu guten Eindruck bei Herrn Clemens hinterlassen, zumal es sich wie ein Vorwurf ihm gegenüber anhört und Sie dadurch Ihren Fehler eher verteidigen, anstatt ihn einzugestehen. Sie stellen Ihre Professionalität unter Beweis, wenn Sie zeigen, dass Sie Kritik einstecken können.

Markus Haunstein:	Aber damit gebe ich ja zu, dass ich etwas falsch gemacht habe! Dann kann ich meinen Job hier ja gleich vergessen! Und damit meine ganze berufliche Zukunft ...
Frau Zunder:	Dass Sie ein möglichst fehlerfreies Bild von sich wahren wollen, ist ganz natürlich. Aber Fehler sind menschlich. Und Sie dürfen die Kritik Ihres Chefs auch nicht als Kritik an Ihrer Person aufnehmen.
Markus Haunstein:	Das sagen Sie! Aber ich habe schon das Gefühl, dass er ständig an meiner Person herumnörgelt und ich ihm nie etwas recht machen kann. Vor allem geht ihm immer alles viel zu langsam. Aber wenn ich dann, wie er es immer von mir verlangt, „einen Zahn zulege", und in einem Projektentwurf noch Rechtschreibfehler sind, nennt er mich einen Legastheniker. In unserem Gespräch vor zwei Tagen meinte er außerdem, ich müsse mir überlegen, ob ich mit meiner Starrköpfigkeit überhaupt für Teamarbeit geeignet sei.
Frau Zunder:	Zugegeben, da hat auch Ihr Vorgesetzter nicht sehr sachlich reagiert. Vielleicht hatte er ja einen schlechten Tag. Bitten Sie ihn doch das nächste Mal, wenn es wieder zu so einer Situation kommen sollte, um konstruktive Kritik. Wie sind Sie denn nun mit Herrn Clemens verblieben?
Markus Haunstein:	Ich bin sauer aus seinem Büro abgezogen und gehe ihm seit zwei Tagen aus dem Weg.
Frau Zunder:	Ich würde vorschlagen, Sie vereinbaren noch einmal einen Gesprächstermin bei ihm. Lenken Sie wieder etwas ein, indem Sie sich dafür entschuldigen, dass Sie die Deadline nicht einhalten konnten. Sie zeigen damit Ihre Bereitschaft, aus Ihren Fehlern zu lernen. Bitten Sie ihn auch um ein Feedback, wie Sie in Zukunft in solchen Fällen besser vorgehen könnten. Und vielleicht können Sie dann auch zur Sprache bringen, dass Sie teilweise Anerkennung von ihm vermissen. Vor diesem Gespräch können Sie gern noch einmal bei mir vorbeikommen und wir besprechen genauer, wie Sie Ihre Wünsche am besten vorbringen können.
Markus Haunstein:	Okay. Das ist vielleicht keine schlechte Idee. Reden müssen wir auf alle Fälle noch einmal.
Frau Zunder:	Gut, dann melden Sie sich einfach, wenn Sie meine Hilfe benötigen. Erst einmal alles Gute!
Markus Haunstein:	Gut, ich melde mich. Danke für alles. Tschüs!

2 a) Lösung

1. Markus Haunstein hat die letzten zwei Nächte nicht geschlafen, weil

- ☐ er seinem Chef gedroht hat, zu kündigen.
- ☐ er nicht weiß, wie er seine Arbeit machen soll.
- ☒ er Angst hat, seinen Job zu verlieren.

2. Markus Haunstein hat zuerst das Duo-Projekt abgeschlossen,

- ☐ obwohl er wusste, dass das Indien-Projekt wichtiger war.
- ☒ weil er nicht wusste, wie wichtig das Indien-Projekt war.
- ☒ weil er dachte, dass es wichtiger war.

3. Wie hätte Markus Haunstein nach Ansicht der Betriebsrätin besser reagiert?

- ☐ Er hätte besser emotional reagiert.
- ☐ Er hätte besser anders gehandelt.
- ☒ Er wäre besser sachlich geblieben.

4. Laut der Betriebsrätin Frau Zunder ist es ganz normal, dass

- ☒ wir keine Fehler zugeben wollen.
- ☐ wir keine Fehler machen.
- ☒ wir so tun, als ob wir ohne Fehler wären.

5. In den Augen von Christian Clemens arbeitet Markus Haunstein zu langsam, daher fordert er ihn auf,

- ☒ etwas mehr Tempo zu machen.
- ☐ einfach mehr Rechtschreibfehler zu machen.
- ☐ nicht mehr im Team zu arbeiten.

6. Die Betriebsrätin meint, wenn Markus sich für sein Handeln entschuldigt, zeigt er damit,

- ☐ dass er vorbereitet ist.
- ☒ dass er durch Fehler lernt.
- ☐ dass er bereit ist, Fehler einzugestehen.

7. Vor dem zweiten Gespräch mit seinem Chef soll sich Markus Haunstein mit der Betriebsrätin

- ☐ versprechen.
- ☒ absprechen.
- ☐ aussprechen.

8. Wie ist Herr Haunstein mit Herrn Clemens verblieben?

☐ Er hat einen zweiten Gesprächstermin mit ihm vereinbart.
☒ Seit dem Gespräch vermeidet er es, Herrn Clemens zu treffen.
☐ Er ist in ein anderes Büro umgezogen.

▶ 4 **2 b) Text und Lösung**

1. Aus welchem Grund wollte Markus Haunstein mit der Betriebsrätin sprechen?
   Sein Vorgesetzter Christian Clemens hatte ihn zu sich *zitiert,* weil er die Deadline für das Indien-Projekt *überzogen* hatte.
2. Warum konnte Markus Haunstein das Projekt nicht rechtzeitig abgeben?
   Er konnte den Termin nicht *einhalten*, weil er das andere Projekt *vorgezogen* hatte.
3. Wie hat sein Vorgesetzter auf das emotionale Verhalten von Markus Haunstein reagiert?
   Seine Reaktion hat keinen guten Eindruck *hinterlassen*, zumal er dadurch seinen Fehler *verteidigt* hat, anstatt ihn *ein*zu*gestehen*.
4. Was zeigt man, wenn man Kritik akzeptieren kann?
   Man *stellt* seine Professionalität unter Beweis, wenn man zeigt, dass man Kritik *einstecken* kann.
5. Was wirft Markus Haunstein seinem Chef vor?
   Dass er an seiner Person *herumnörgelt* und er ihm nie etwas recht *machen* kann.
6. Wie hat Markus Haunstein auf die Kritik reagiert?
   Er ist sauer *abgezogen.* Nun *geht* er seinem Chef seit zwei Tagen aus dem Weg.
7. Was schlägt die Betriebsrätin ihm jetzt vor?
   Er soll einen weiteren Gesprächstermin *vereinbaren*. Dann soll er *einlenken*, indem er sich *entschuldigt.*
8. Worüber soll Markus Haunstein dann mit seinem Chef sprechen?
   Er soll zur Sprache *bringen*, dass er teilweise seine Anerkennung *vermisst.*
9. Was soll er vor diesem Gespräch machen?
   Er soll bei der Betriebsrätin vorbei*kommen* und mit ihr *besprechen*, wie er seine Wünsche am besten *vorbringen* kann.

A3 Ich lass mir doch den Mund nicht verbieten!

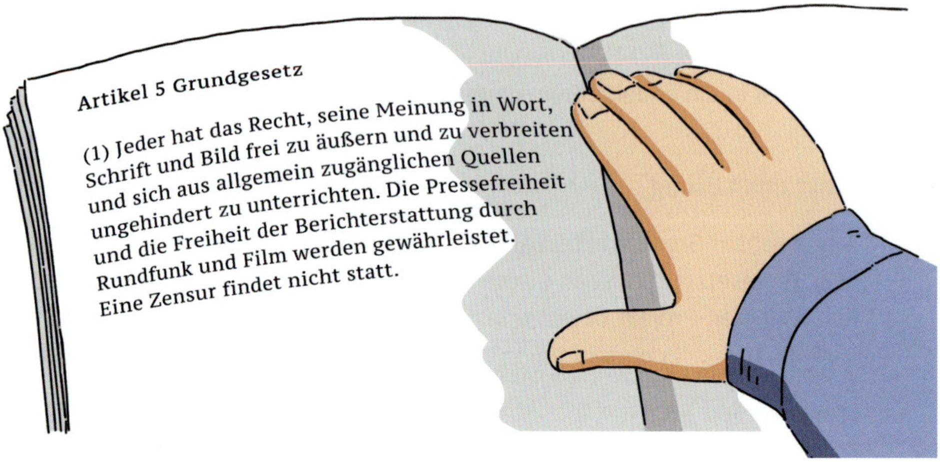

▶ 5 **3 a) Hören Sie den Text einmal, dann lesen Sie die Sätze unten. Nun hören Sie den Text noch einmal und kreuzen Sie an: Was ist richtig, was ist falsch?**

	richtig	falsch
1. In Artikel 5, Absatz 1 des deutschen Grundgesetzes ist die freie Meinungsäußerung festgelegt.	☒	☐
2. Das Grundgesetz bestimmt, was Unsinn ist und was nicht.	☐	☐
3. Jeder darf seinen Standpunkt vertreten, egal ob man qualifiziert ist oder nicht.	☐	☐
4. Durch unsere Meinung drücken wir unser persönliches Gefallen oder Missfallen aus.	☐	☐
5. Bei einer Tatsachenbehauptung kann man prüfen, ob sie richtig oder falsch ist.	☐	☐
6. Der Beleidigungsparagraf verteidigt die Ehre eines Menschen.	☐	☐
7. Eine Beleidigung ist für ein Gericht besonders schwer nachzuweisen.	☐	☐
8. Bei einer Demonstration darf man mit Kritik, etwa auf Spruchbändern, provozieren.	☐	☐
9. Wenn ich etwas an der deutschen Gesellschaft kritisiere, was mir nicht gefällt, muss ich nicht so sehr darauf achten, wie ich es sage.	☐	☐
10. Volksverhetzung heißt, dass ich die Ehre einer Person verletze.	☐	☐

		richtig	falsch
11.	Die deutsche Verfassung gestattet jedem, seine Meinung zu äußern, wenn er sie richtig begründet.	☐	☐
12.	Der griechische Philosoph Epiktet vertritt die Ansicht, dass man sich von niemandem beschimpfen oder schlagen lassen soll.	☐	☐

▶ 6 **3 b) Jetzt sind Sie dran. Hören Sie die Fragen und sprechen Sie laut die Antworten. Dabei ergänzen Sie die fehlenden Wörter.**

1. Mit der *freien* und ______________________________ Meinungsäußerung.
2. Weil die Presse in diesem Punkt _____________ ist und selbst ___________________.
3. Die einzelne Meinung ist nicht mehr viel _______.
4. Sie kann nicht _______________ oder ______________ sein, ist also nicht ___________________.
5. Er ______________ die Meinungsfreiheit _____, um die Ehre zu _____________.
6. Von Beleidigung spricht man, wenn es der Person nicht primär darum geht, einen ____________ zu einer Diskussion zu ___________, sondern die ________ eines Menschen zu ________________.
7. Je __________ meine Kritik von einer konkreten Person _____________ ist, desto ____________________ darf ich sein.
8. Ich kann wegen _________________________ ______________ werden.
9. Es genügt nicht, eine Meinung zu _________, man muss sie auch _______________ können.
10. Sei dir dessen _____________, dass dich derjenige nicht verletzen kann, der dich __________________ oder ____________.

▶ 5 3 a) Text

In einer Radiosendung geht es heute um das Thema „Freie Meinungsäußerung in Deutschland". In einem Kommentar beleuchtet Herr Dr. Winfried Schaller das Thema aus juristischer Sicht:

Jeder freiheitsliebende Mensch in Deutschland beruft sich heutzutage, vor allem in Zeiten von Twitter, Facebook, Foren und Ähnlichem, gern auf die so hart erkämpfte Errungenschaft der freien und uneingeschränkten Meinungsäußerung. In Artikel 5, Absatz 1 des deutschen Grundgesetzes ist dieses so kostbare Gut eindeutig formuliert: „Jeder hat das Recht, seine Meinung in Wort, Schrift und Bild frei zu äußern und zu verbreiten und sich aus allgemein zugänglichen Quellen ungehindert zu unterrichten. Die Pressefreiheit und die Freiheit der Berichterstattung durch Rundfunk und Film werden gewährleistet. Eine Zensur findet nicht statt."

Vor dem Grundgesetz kann also jeder Unsinn eine geschützte Meinung sein, muss aber dennoch nicht von jeder Redaktion automatisch veröffentlicht werden. In diesem Punkt ist die Presse autonom und entscheidet selbst. Wenn aber jeder seine Meinung, egal ob qualifiziert oder unqualifiziert, zum Besten geben darf, zieht dies auch die Konsequenz nach sich, dass die einzelne Meinung nicht mehr viel wert ist. Was nicht heißt, dass sie deswegen nicht wichtig wäre.

Dennoch spüren wir so etwas wie eine moralische Verpflichtung, nicht über alles sprechen zu dürfen, bzw. nicht überall. Gibt es also doch so etwas wie ungeschriebene Grenzen der freien Meinungsäußerung? Und wenn ja, wo liegen diese? Oder umgekehrt: Wenn es tatsächlich eine freie Meinungsäußerung gibt, welche Argumente lassen sich für diese anbringen?

Dazu müssen wir zunächst einmal klären, was eine Meinung überhaupt ist. Eine Meinung ist ein persönlicher Standpunkt, mit dem etwas bewertet wird. Sie zeichnet sich dadurch aus, dass sie nicht „richtig" oder „falsch" sein kann, also nicht überprüfbar ist. Dadurch unterscheidet sie sich von einer Tatsachenbehauptung. Sage ich zum Beispiel „Dieser Mann hat meinen Geldbeutel gestohlen", dann ist das eine Behauptung, die sich überprüfen lässt. Sage ich aber „Dieser Mann ist ein Idiot", dann lässt sich das nicht überprüfen. Das ist eine Äußerung, zu der jeder eine andere Auffassung haben könnte, und die der Adressat als Beleidigung oder als Ausdruck des Neides aufnehmen könnte.

Das ist allein seine Sache. Doch das gehört eher in den Bereich der Psychologie. Wir wollen uns heute mit der juristischen Seite auseinandersetzen. Und hier gibt es den sogenannten Beleidigungsparagrafen, der die Meinungsfreiheit tatsächlich einschränkt, um etwa die Ehre des Einzelnen zu schützen.

Aber wann kann man davon sprechen, dass die Ehre eines Menschen verletzt wird? In Deutschland ist es erlaubt, sich gegenseitig zu sagen, dass man den anderen nicht gut findet. Und dieses Recht macht auch vor Religionen nicht halt. Ein Katholik kann also zu einem Muslim sagen, dass er ihn nicht toll findet. Und umgekehrt.

Unterschieden wird jedoch zwischen Meinungsäußerung und Beleidigung, wenn es einer Person nicht primär darum geht, einen Beitrag zu einer Diskussion beizusteuern, sondern die Ehre eines Menschen zu verletzen. Zur Abgrenzung helfen hierbei drei Kriterien:

Das erste Kriterium ist das „Wie“: Ich darf also meine Kritik nicht in Form von Beschimpfungen wie „Idiot“, „Dummkopf“ oder Ähnlichem äußern. Dies wäre für das Gericht ein eindeutiger Fall von Beleidigung.

Das zweite Kriterium ist das „Wo“: Dieses Kriterium ist schon etwas komplexer. Es ist in der Öffentlichkeit erlaubt, seine Meinung in Form von Polemik oder Provokation auszudrücken, um dadurch Aufmerksamkeit zu erlangen. Auf Demonstrationen oder Kundgebungen sieht man daher sehr oft Plakate mit zugespitzten Parolen, die deswegen nicht gleich strafbar sind. Sie können in einem bestimmten Kontext gerechtfertigt sein.

Das dritte Kriterium fragt, auf „wen“ ich Bezug nehme, also nach dem Adressaten. Hier gilt: Je weiter meine Kritik von einer konkreten Person entfernt ist, desto provokanter darf ich in meinen Äußerungen sein. Kritisiere ich also einen gesellschaftlichen Missstand, muss ich weniger darauf achten, wie ich meine Kritik äußere, weil ich dabei nicht in Gefahr gerate, die Ehre einer Person anzugreifen. Greife ich jedoch eine ganze Gruppe an, oder rufe sogar zur Gewalt gegen diese Gruppe auf, dann verletze ich zwar nicht die Ehre einer einzelnen Person, kann aber wegen Volksverhetzung angeklagt werden.

Wie wir gesehen haben, kann eine Meinung also nicht „richtig“ oder „falsch“ sein, und daher sind alle Meinungen erst einmal vor dem Gesetz gleich. Jeder darf eine Meinung haben, sie äußern – sogar ohne sie zu begründen. Vergessen Sie also das, was Sie in der Schule im Deutschunterricht gelernt haben: „Es genügt nicht, eine Meinung zu haben, man muss sie auch vertreten können.“ Diese Aussage ist im Sinne der Verfassung nicht richtig. Aber wir können es auch einfach so halten, wie es der griechische Philosoph Epiktet rät: „Sei dir dessen bewusst, dass dich derjenige nicht verletzen kann, der dich beschimpft oder schlägt; es ist vielmehr deine Meinung, dass diese Leute dich verletzen. Wenn dich also jemand reizt, dann wisse, dass es deine eigene Auffassung ist, die dich gereizt hat.“

3 a) Lösung

	richtig	falsch
1. In Artikel 5, Absatz 1 des deutschen Grundgesetzes ist die freie Meinungsäußerung festgelegt.	☒	☐
2. Das Grundgesetz bestimmt, was Unsinn ist und was nicht.	☐	☒
3. Jeder darf seinen Standpunkt vertreten, egal ob man qualifiziert ist oder nicht.	☒	☐
4. Durch unsere Meinung drücken wir unser persönliches Gefallen oder Missfallen aus.	☒	☐
5. Bei einer Tatsachenbehauptung kann man prüfen, ob sie richtig oder falsch ist.	☒	☐
6. Der Beleidigungsparagraf verteidigt die Ehre eines Menschen.	☒	☐
7. Eine Beleidigung ist für ein Gericht besonders schwer nachzuweisen.	☐	☒
8. Bei einer Demonstration darf man mit Kritik, etwa auf Spruchbändern, provozieren.	☒	☐
9. Wenn ich etwas an der deutschen Gesellschaft kritisiere, was mir nicht gefällt, muss ich nicht so sehr darauf achten, wie ich es sage.	☒	☐
10. Volksverhetzung heißt, dass ich die Ehre einer Person verletze.	☐	☒
11. Die deutsche Verfassung gestattet jedem, seine Meinung zu äußern, wenn er sie richtig begründet.	☐	☒
12. Der griechische Philosoph Epiktet vertritt die Ansicht, dass man sich von niemandem beschimpfen oder schlagen lassen soll.	☐	☒

▶ 6 **3 b) Text und Lösung**

1. Womit begründen viele Personen die Tatsache, dass sie in Internetforen alles schreiben, was sie denken?
   Mit der *freien* und *uneingeschränkten* Meinungsäußerung.

2. Warum muss nicht alles, was jemand schreibt, im Internet oder in Form von Leserbriefen, veröffentlicht werden?
   Weil die Presse in diesem Punkt *autonom* ist und selbst *entscheidet*.

3. Welche Folge hat es, wenn jeder seine Meinung frei äußern darf?
   Die einzelne Meinung ist nicht mehr viel *wert*.

4. Was charakterisiert den Begriff „Meinung"?
   Sie kann nicht *„richtig"* oder *„falsch"* sein, ist also nicht *überprüfbar*.

5. Wofür steht der sogenannte „Beleidigungsparagraf"?
   Er *schränkt* die Meinungsfreiheit *ein*, um die Ehre zu *schützen*.

6. Wie wird der Begriff „Beleidigung" definiert?
   Von Beleidigung spricht man, wenn es der Person nicht primär darum geht, einen *Beitrag* zu einer Diskussion zu *leisten*, sondern die *Ehre* eines Menschen zu *verletzen*.

7. Was besagt das dritte Kriterium in Bezug auf den Adressaten?
   Je *weiter* meine Kritik von einer konkreten Person *entfernt* ist, desto *provokanter* darf ich sein.

8. Was kann passieren, wenn ich zur Gewalt gegenüber einer Gruppe aufrufe?
   Ich kann wegen *Volksverhetzung angeklagt* werden.

9. Welche Regel lernt man im Deutschunterricht für gewöhnlich?
   Es genügt nicht, eine Meinung zu *haben*, man muss sie auch *vertreten* können.

10. Was sagt der griechische Philosoph Epiktet?
    Sei dir dessen *bewusst*, dass dich derjenige nicht verletzen kann, der dich *beschimpft* oder *schlägt*.

B Urbaner Lebensraum

B1 Stören Obdachlose das Stadtbild?

▶ 7 **1 a) Hören Sie den Text einmal, dann hören Sie noch einmal und kreuzen Sie an: Wer sagt was?**

	Ecker	Wegmann
1. Im kalten Winter werden viele Obdachlose krank oder erfrieren.	☐	☒
2. Obdachlose sollen in kalten Nächten in ein Heim gehen.	☐	☐
3. Einige Obdachlose sind psychisch krank und es ist schwer, ihr Vertrauen zu gewinnen.	☐	☐
4. Es gibt auch Obdachlose, die keine Hilfe annehmen wollen.	☐	☐
5. Der Kältebus ist keine gute Erfindung, weil er die Obdachlosen draußen versorgt und sie deshalb keinen Grund haben, in ein Heim zu gehen.	☐	☐
6. Touristen wollen keine armen Menschen sehen, sondern eine schöne Stadt.	☐	☐

	Ecker	Wegmann
7. Obdachlose sollen in den Heimen bleiben, denn dort erhalten sie Hilfe.	☐	☐
8. Obdachlosenheime sind oft überfüllt und man hat dort keine Ruhe, deshalb werden sie von vielen Obdachlosen gemieden.	☐	☐
9. Obdachlose Frauen haben manchmal einen Hund als Freund und Schutz, dürfen mit ihm aber nicht in ein Obdachlosenheim.	☐	☐
10. Beim Anblick eines Obdachlosen realisiert man, wie gut es einem geht, aber auch, wie schnell sich das ändern kann.	☐	☐
11. Da die Mieten in der Stadt immer höher werden, können immer mehr Menschen keine Wohnung mehr bezahlen.	☐	☐
12. Die Stadt lässt bewusst so bauen, dass Obdachlose im öffentlichen Raum keinen Platz mehr finden.	☐	☐
13. Es gibt zu wenig Hilfe und Unterstützung für Obdachlose.	☐	☐
14. Touristen wollen ein angenehmes Stadtbild und machen eine Stadt reich.	☐	☐
15. Geschäfte verdienen mehr und können damit auch mehr Steuern zahlen, wenn die Kunden vor dem Laden keinem Obdachlosen begegnen.	☐	☐
16. Eine reiche Stadt kann mehr Geld in Sozialprogramme investieren.	☐	☐
17. Die Obdachlosigkeit gehört zu unserer Gesellschaft und muss bekämpft werden, Ausgrenzung ist keine Lösung.	☐	☐

▶ 8 **1 b) Jetzt sind Sie dran. Hören Sie und wiederholen Sie.**

▶ 7 **1 a) Text**

Das Städtische Tourismusamt hat in letzter Zeit für Schlagzeilen gesorgt. Es beklagt die zunehmende Anzahl von Obdachlosen im Stadtbild. In der Radiosendung „Talk vor Mitternacht" wird dieses Thema nun von dem Sozialarbeiter Klaus Wegmann und der Vorsitzenden des städtischen Tourismusamtes, Birgitta Ecker, diskutiert.

Moderator: Guten Abend, meine Damen und Herren! Herzlich willkommen zu unserem „Talk vor Mitternacht" zum Thema „Obdachlose in unserer Stadt". Ich freue mich, hier im Studio zwei Gäste begrüßen zu dürfen, die uns die Problematik aus ihrer Perspektive beschreiben werden. Guten Abend, Frau Ecker, vielen Dank, dass Sie als Vorsitzende unseres städtischen Tourismusamtes heute Abend gekommen sind!

Ecker: Sehr gerne! Guten Abend!

Moderator: Und guten Abend, Herr Wegmann – auch Ihnen herzlichen Dank, dass Sie sich trotz Ihrer anstrengenden Arbeit auf den Straßen unserer Stadt die Zeit genommen haben!

Wegmann: Danke schön für diese nette Begrüßung! Guten Abend!

Moderator: Herr Wegmann, jetzt im Winter sind Sie als Streetworker sicherlich besonders gefordert?

Wegmann: Das kann man wohl sagen. Die Kälte setzt unseren Klienten sehr zu, macht viele krank und hat bei einigen in den letzten Wochen sogar zum Erfrierungstod geführt.

Ecker: Entschuldigen Sie bitte, wenn ich mich hier gleich einschalte: Können Sie mir erklären, weshalb diese Menschen kein Obdachlosenheim aufsuchen? Gerade in kalten Nächten bräuchten sie doch nur eines der vielen sozialen Angebote wahrzunehmen!

Wegmann: Damit haben Sie sicherlich recht, und diese Angebote werden von vielen auch sehr dankbar angenommen. Allerdings dürfen Sie nicht vergessen, dass es gerade unter den Obdachlosen auch viele Menschen mit psychischen Problemen gibt, mit Depressionen, Psychosen, Persönlichkeitsstörungen oder Alkohol- beziehungsweise Drogenproblemen. Zu diesen Menschen Zugang zu finden, ist harte Arbeit. Das dauert oft Jahre. Sie grenzen sich ab und wollen nur in Ruhe gelassen werden, manchmal sogar um den Preis, in einer kalten Winternacht zu erfrieren.

Moderator: In manchen Städten gibt es den sogenannten Kältebus, der bis Mitternacht die Obdachlosen besucht und sie versorgt. Was halten Sie von dieser Einrichtung, Frau Ecker?

Ecker: Meiner Ansicht nach ist das der falsche Ansatz. Hiermit werden die Obdachlosen ja sogar darin unterstützt, im öffentlichen Raum zu wohnen! Sehen Sie das doch einmal aus der Perspektive unserer ausländischen Gäste. Sie kommen in unsere Stadt, um sich an der wunderbaren Architektur, den lebhaften Plätzen und den hübschen Geschäften und Einkaufsstraßen zu erfreuen. Denken Sie, diese Touristen wollen überall mit menschlichem Elend, Armut und Bettelei konfrontiert werden?

Wegmann: Bei allem Respekt, Frau Ecker, aber woher nehmen Sie das Recht, Menschen auszugrenzen, nur weil sie es in ihrem Leben nicht geschafft haben, eine Wohnung zu behalten?

Ecker: Bitte verstehen Sie mich nicht falsch. Ich will sie nicht ausgrenzen, ich will nur nicht, dass sie das Stadtbild stören. Es gibt all die Obdachlosenheime! Dort können sie sich aufhalten und es wird ihnen sogar noch geholfen!

Wegmann: Waren Sie schon einmal in einem Obdachlosenheim, Frau Ecker?

Ecker: Natürlich nicht!

Wegmann: Das dachte ich mir, denn dann hätten Sie vielleicht mehr Verständnis dafür, dass diese Lösung für einige der obdachlosen Menschen einfach nicht infrage kommt. Dort ist es eng, laut, man hat keinerlei Privatsphäre und den Geruch können Sie sich vielleicht vorstellen, wenn so viele Menschen in einem Raum zusammen sind! Nur weil man seine Wohnung verloren hat, hat man nicht auch das Recht auf Freiheit und Selbstbestimmung verloren! Und noch etwas: Viele obdachlose Frauen haben einen Hund, oft als einzigen Freund und gleichzeitig als Schutz. Hunde sind aber in den meisten Unterkünften verboten!

Moderator: An dieser Stelle interessiert mich ein Punkt, den Sie, Frau Ecker, vorhin erwähnt hatten: Die Touristen wollen nicht mit menschlichem Elend konfrontiert werden. Trifft das Ihrer Ansicht nach wirklich zu? Könnte es nicht viel eher so sein, dass der normale Stadtbürger nicht mit dem Elend und der Armut konfrontiert werden möchte?

Ecker: Ich muss zugeben, dass dieser Gedanke sicherlich berechtigt ist. Jeder Bettler macht einem bewusst, wie privilegiert man lebt und wie leicht man alle Sicherheit verlieren kann. Obwohl ich auch der Meinung bin, dass diese Menschen meist selbst an ihrer Situation schuld sind, denn …

Moderator: Leider können wir hier nicht alle Aspekte dieses Themas diskutieren, Frau Ecker. Konzentrieren wir uns doch in der verbleibenden Sendezeit lieber darauf, wie die Interessen der Stadt, sich angenehm zu präsentieren, zu vereinbaren sind mit den Bedürfnissen der Obdachlosen – deren Zahl übrigens stetig zunimmt!

Wegmann: Danke für diesen Hinweis. Ja, das deckt sich mit meinen Beobachtungen aus der täglichen Arbeit auf der Straße. Die Mietpreise sind rasant gestiegen, und damit verlieren immer mehr Menschen ihre Wohnung. Wir müssen jedes Jahr mehr Klienten betreuen und versorgen, obwohl gleichzeitig die Architektur der Stadt sichtlich obdachlosen-unfreundlicher wird.

Moderator: Ist das tatsächlich so?

Wegmann: Schauen Sie sich doch nur die Bänke an: Auf den wenigsten kann man noch liegen und schlafen! Alle neueren Bänke haben unterteilte Sitzflächen, oft mit kleinen Armlehnen dazwischen. Oder überdachte Ecken, wo man sich vor dem Regen schützen könnte: Hier gibt es oft Steinblöcke oder sogar Spitzen im Boden – möchte man sich da noch hinsetzen? Oder der Klassiker einer Obdachlosen-Wohnung: die Brücke. Machen Sie sich einmal die Mühe und schauen Sie unter die Brücken der Stadt! Sie werden dort immer häufiger schräge Betonflächen, Wassergruben oder Zäune finden! Doch wo sollen die Obdachlosen hin? Die sozialen Angebote der Stadt reichen einfach nicht aus.

Moderator: Diese Frage möchte ich an Sie weitergeben, Frau Ecker. Sehen Sie eine realistische Lösung?

Ecker: Also, ich unterstütze die Stadtplaner ganz klar darin, den öffentlichen Raum für Obdachlose ungemütlicher zu gestalten. Andererseits haben Sie mich auch davon überzeugt, dass das bisherige Angebot an Hilfe und Unterstützung für diese Menschen nicht genügt. Aber wir sollten nie vergessen: Touristen wollen sich in einer Stadt wohlfühlen und sie suchen Ästhetik und Schönheit. Sie bringen Geld in die Stadt, und dieses Geld hilft wiederum auch den Sozialprogrammen!

Wegmann: Das klingt schön, doch in diesem Punkt bin ich skeptisch, Frau Ecker!

Ecker: Aber Sie müssen mir doch zustimmen, dass eine wirtschaftlich starke Stadt auch mehr Geld für ihre Sozialprogramme hat! Und die Wirtschaft einer Stadt ist auch stark, wenn sie viel Steuern von den Unternehmen und Geschäften erhält. Die Geschäfte leiden jedoch darunter, wenn Kunden vor der Tür von Bettlern belästigt werden oder am Morgen über Obdachlose steigen müssen, die im Eingangsbereich schlafen!

Moderator: Wir haben gesehen, man könnte in dieses Thema noch viel tiefer einsteigen, doch leider ist nun unsere Sendezeit um. Frau Ecker, ein Schlusswort?

Ecker: Erhalten wir uns die Wirtschaftskraft unserer Städte, indem wir den öffentlichen Raum angenehm gestalten und streng kontrollieren!

Moderator: Und Ihr Schlusswort, Herr Wegmann?

Wegmann: Obdachlosigkeit ist ein Symptom unserer kranken Gesellschaft, und dieses Symptom muss behandelt, nicht versteckt werden.

Moderator: Vielen Dank für dieses interessante und anregende Gespräch. Auf Wiederhören beim nächsten „Talk vor Mitternacht" und eine gute Nacht, liebe Hörerinnen und Hörer!

1 a) Lösung

		Ecker	Wegmann
1.	Im kalten Winter werden viele Obdachlose krank oder erfrieren.	☐	☒
2.	Obdachlose sollen in kalten Nächten in ein Heim gehen.	☒	☐
3.	Einige Obdachlose sind psychisch krank und es ist schwer, ihr Vertrauen zu gewinnen.	☐	☒
4.	Es gibt auch Obdachlose, die keine Hilfe annehmen wollen.	☐	☒
5.	Der Kältebus ist keine gute Erfindung, weil er die Obdachlosen draußen versorgt und sie deshalb keinen Grund haben, in ein Heim zu gehen.	☒	☐
6.	Touristen wollen keine armen Menschen sehen, sondern eine schöne Stadt.	☒	☐
7.	Obdachlose sollen in den Heimen bleiben, denn dort erhalten sie Hilfe.	☒	☐
8.	Obdachlosenheime sind oft überfüllt und man hat dort keine Ruhe, deshalb werden sie von vielen Obdachlosen gemieden.	☐	☒
9.	Obdachlose Frauen haben manchmal einen Hund als Freund und Schutz, dürfen mit ihm aber nicht in ein Obdachlosenheim.	☐	☒
10.	Beim Anblick eines Obdachlosen realisiert man, wie gut es einem geht, aber auch, wie schnell sich das ändern kann.	☒	☐
11.	Da die Mieten in der Stadt immer höher werden, können immer mehr Menschen keine Wohnung mehr bezahlen.	☐	☒
12.	Die Stadt lässt bewusst so bauen, dass Obdachlose im öffentlichen Raum keinen Platz mehr finden.	☐	☒
13.	Es gibt zu wenig Hilfe und Unterstützung für Obdachlose.	☒	☐
14.	Touristen wollen ein angenehmes Stadtbild und machen eine Stadt reich.	☒	☐
15.	Geschäfte verdienen mehr und können damit auch mehr Steuern zahlen, wenn die Kunden vor dem Laden keinem Obdachlosen begegnen.	☒	☐
16.	Eine reiche Stadt kann mehr Geld in Sozialprogramme investieren.	☒	☐
17.	Die Obdachlosigkeit gehört zu unserer Gesellschaft und muss bekämpft werden, Ausgrenzung ist keine Lösung.	☐	☒

▶ 8 **1 b) Text**

1. Das kann man wohl sagen.
2. Entschuldigen Sie, wenn ich mich hier gleich einschalte.
3. Können Sie mir sagen, weshalb diese Menschen kein Obdachlosenheim aufsuchen?
4. Sie bräuchten doch nur eines der sozialen Angebote wahrzunehmen.
5. Damit haben Sie sicherlich recht.
6. Allerdings dürfen Sie auch nicht vergessen, dass viele Menschen psychische Probleme haben.
7. Was halten Sie von dieser Einrichtung?
8. Meiner Ansicht nach ist das der falsche Ansatz.
9. Sehen Sie das doch einmal aus der Perspektive unserer ausländischen Gäste.
10. Bei allem Respekt, aber woher nehmen Sie das Recht, diese Menschen auszugrenzen?
11. Bitte verstehen Sie mich nicht falsch.
12. Vielleicht hätten Sie dann mehr Verständnis dafür, dass diese Lösung für einige nicht infrage kommt.
13. An dieser Stelle interessiert mich ein Punkt, den Sie vorhin erwähnt hatten.
14. Trifft das Ihrer Ansicht nach wirklich zu?
15. Könnte es nicht viel eher so sein, dass der normale Bürger nicht mit Armut konfrontiert werden möchte?
16. Ich muss zugeben, dass dieser Gedanke sicherlich berechtigt ist.
17. Danke für diesen Hinweis, denn das deckt sich mit meinen Beobachtungen.
18. Andererseits haben Sie mich auch davon überzeugt, dass das bisherige Angebot nicht genügt.
19. In diesem Punkt bin ich skeptisch.
20. Aber Sie müssen mir doch zustimmen, dass eine reiche Stadt mehr Geld für Sozialprogramme hat!

B2 Mehr als nur ein Garten

▶ 9 **2 a) Hören Sie den Text einmal, dann lesen Sie die Sätze unten. Nun hören Sie den Text noch einmal und kreuzen Sie an: Was ist richtig, was ist falsch?**

	richtig	falsch
1. Asta ist ein guter Wachhund, deshalb ist er gefährlich.	☐	☒
2. Josef und ein paar Freunde hatten vor 15 Jahren die Idee zu dem Gemeinschaftsgarten.	☐	☐
3. Das Grundstück gehört einer Firma, die gemeinsam mit der Stadt dort ein Gartenprojekt geplant hat.	☐	☐
4. Dieser Gemeinschaftsgarten soll für die Menschen ein Ort der Begegnung sein.	☐	☐
5. Wenn die Menschen die Pflanzen wachsen sehen und viel Arbeit damit haben, verstehen sie, warum Obst und Gemüse so teuer sein müssen.	☐	☐
6. Daniela findet die Gedanken von Josef ziemlich langweilig.	☐	☐
7. Das Aufteilen der Gartenerzeugnisse führt leicht zu Streit.	☐	☐

B

	richtig	falsch
8. Es gibt ein paar Regeln, an die sich die Vereinsmitglieder halten müssen. Das ist auch wichtig, damit die Versicherung bei einem Unfall zahlt.	☐	☐
9. Jedes Jahr sind fünf gewählte Mitglieder verantwortlich für alles, was im Garten gepflanzt, gesät und gearbeitet wird.	☐	☐
10. Der Gemeinschaftsgarten ist ein biologischer Garten, deshalb sollen keine chemischen Mittel eingesetzt werden.	☐	☐
11. Regenwürmer sind verantwortlich für gute Erde.	☐	☐
12. Wenn große Konzerne das Monopol auf Saatgut, chemische Dünger und Pestizide haben, garantiert das eine große Vielfalt an verschiedenen Pflanzensorten.	☐	☐
13. Obst oder Gemüse aus dem Garten kann man gegen Punkte eintauschen, die man durch Gartenarbeit verdienen kann.	☐	☐
14. Der Verein hat viel Geld, weil die Mitgliederbeiträge sehr hoch sind.	☐	☐
15. Der Garten soll hauptsächlich für Menschen sein, die nicht so wohlhabend sind, dass sie ein eigenes Haus mit Garten haben.	☐	☐
16. Im Garten werden viele alte Materialien wieder sinnvoll genutzt.	☐	☐

▶ 10 **2 b) Jetzt sind Sie dran. Hören Sie die Fragen und sprechen Sie laut die Antworten. Dabei ergänzen Sie die fehlenden Wörter.**

1. Weil sie gleich *erkennt*, *wer* neu ist.
2. Weil er eines der ______________________ ist.
3. Das Grundstück ist ein ehe__________ Firmen__________.
4. Für ______________________ Projekte.
5. Dass Pflanzen, Säen und Ernten ein elementares ______________________ des Menschen ist.
6. Wie ____________ Nahrung ist.

7. Mit seiner Welt ____________________.

8. Damit bei einem Unfall die ____________________ zahlt.

9. Jedes Jahr werden fünf Mitglieder gewählt, die für das Gartenjahr ____________________ sind.

10. Weil man Pflanzen so ____________________ kann, dass sie sich ____________________ schützen.

11. Der genetische ____________________ der Pflanzen und die ____________________ von Sorten und Arten.

12. Die ____________________ können durch Gartenarbeit Punkte sammeln und die Garten ____________________ gegen Punkte eintauschen.

13. Die Pacht ist sehr ____________________ und trägt sich durch ein paar ____________________ im Jahr.

14. Damit auch die Menschen Natur erleben, die sich keinen eigenen Garten ____________________ können.

15. Indem so viel wie möglich ____________________ unserer Wegwerfgesellschaft ____________________ wird.

▶ 9 **2 a) Text**

Daniela ist vor Kurzem nach Berlin gezogen und hat von einem interessanten Gartenprojekt im Stadtteil Neukölln gehört. Da sie eine leidenschaftliche Hobbygärtnerin ist, ihre neue Wohnung aber nicht einmal einen Balkon hat, beschließt sie, dort hinzufahren und sich diesen Gemeinschaftsgarten einmal anzusehen.

Daniela: Ist ja gut, ganz ruhig!

Josef: Asta, aus! Komm her! Hab keine Angst, sie tut nichts! Aber Asta ist wirklich ein guter Wachhund, sie erkennt gleich, wer neu ist! Hallo erst einmal, mein Name ist Josef.

Daniela: Und ich bin Daniela, guten Tag! Entschuldige, Josef, dass ich einfach so hereinschneie, aber ich habe von eurem Projekt gelesen und wollte es mir gern einfach mal anschauen.

Josef: Das freut mich! Und du hast Glück, denn vor dir steht eines der Gründungsmitglieder! Nein, wirklich, ich hatte zusammen mit ein paar Freunden vor mittlerweile fast 15 Jahren die Idee, den Menschen in der Stadt einen Raum zu bieten, in dem sie sich „erden" können, im wahrsten Sinne des Wortes. Ich bin auch gerade mit dem Unkrautjäten fertig geworden und bin froh, wenn ich mich ein bisschen hinsetzen und einfach nur Fragen beantworten kann!

Daniela: Oh, vielen Dank, das ist ja super.

Josef: Komm, wir setzen uns da drüben auf die Bank in die Sonne.

Daniela: Gern. Wie groß ist denn das ganze Gelände?

Josef: Alles zusammen etwa 3000 Quadratmeter. Das Grundstück war ein ehemaliges Firmengelände, das von der Stadt für gemeinnützige Projekte ausgeschrieben wurde. Und diese Ausschreibung haben wir mit unserer Vision von einem urbanen, sozial-ökologischen Garten gewonnen, als Ort der Begegnung von Menschen untereinander und von Menschen mit der Natur. Weißt du, wir sind überzeugt davon, dass Pflanzen, Säen und Ernten eigentlich ein elementares Grundbedürfnis des Menschen ist. Zu sehen, wie Obst, Gemüse und Kräuter wachsen, gemeinsam daran zu arbeiten und die Erzeugnisse schließlich zu teilen, das lässt uns begreifen, wie wertvoll Nahrung ist. Aber du hast bestimmt ganz praktische Fragen, und ich langweile dich hier mit meiner Weltanschauung!

Daniela: Ach was, das ist alles andere als langweilig! Aber du sagst, ihr arbeitet zusammen und teilt dann die Erzeugnisse – wie ist das geregelt, damit es keinen Streit gibt? Und wer kauft die Pflanzen oder die Samen?

Josef: Dort drüben an der Holzwand der kleinen Gartenhütte hängen unsere Regeln, die sogenannte „Gartenordnung“. Das ist notwendig, denn wenn ein Unfall passiert, müssen wir abgesichert sein, damit die Versicherung dafür aufkommt. Diese Regeln kannst du dir später mal durchlesen. Anfangs haben wir natürlich unser Lehrgeld gezahlt, aber im Laufe der Zeit ist ein tragfähiges System gewachsen. Wir wählen jedes Jahr fünf meist ältere Mitglieder mit viel Erfahrung, die für dieses Gartenjahr in der Verantwortung sind. Diesen Hauptverantwortlichen müssen Vereinsmitglieder, die Pflanzen oder Saatgut mitbringen, alles erst zeigen, bevor sie es verarbeiten. Es ist wichtig, dass jemand den Überblick behält, denn wir wollen zwar eine kreative Wildnis, sie soll aber dennoch als Ökosystem funktionieren. Das betrifft besonders Dünger oder Pflanzenschutzmittel, die eingesetzt werden sollen. Hier sind wir sehr streng, denn wir wollen zeigen, dass sich die Pflanzen wunderbar gegenseitig schützen können, wenn man sie geschickt pflanzt und kombiniert. Und die Bodenqualität kann sehr einfach mit Kompost verbessert werden – wir haben sogar eine richtige Wurmfarm!

Daniela: Wie bitte? Eine Wurmfarm?

Josef:	Ja, unsere Regenwürmer sind unsere wertvollsten Mitarbeiter unter der Erde! Das zeige ich dir später, wenn du möchtest. Aber was ich damit sagen möchte: Wir müssen nicht abhängig sein von den großen Konzernen, die das Monopol auf Saatgut und die dazu passenden chemischen Dünger und Pestizide haben. Im Gegenteil, es ist wichtig, uns eine Vielfalt von Sorten und Arten zu erhalten, denn ursprünglich gab es für alle Klimazonen und Bodenverhältnisse die passenden Pflanzen. Durch die alles beherrschende Ernährungsindustrie ist aber genau dieser genetische Reichtum der Pflanzen bedroht. Du siehst also, Gärtnern ist eigentlich sogar politisch ...
Daniela:	So habe ich das noch gar nicht gesehen, aber du hast recht – umso mehr Lust habe ich, bei euch mitzumachen! Aber noch einmal zurück zu meiner Frage nach der Finanzierung beziehungsweise danach, wie die Ernte genutzt wird ...
Josef:	Richtig, entschuldige, das wollte ich dir ja ursprünglich erklären. Also, wir haben ein einfaches Punktesystem. Wer Pflanzen oder Saatgut mitbringt, oder wer Arbeitsstunden investiert, der sammelt Punkte. Und was geerntet wird, kann gegen eine bestimmte Anzahl von Punkten getauscht werden. Dieses Vorgehen hat sich als sehr sinnvoll erwiesen und wird von den Mitgliedern gut angenommen.
Daniela:	Und wie finanziert ihr die Pacht für das Gelände?
Josef:	Dadurch, dass es der Stadt gehört, ist die Pacht sehr gering und trägt sich gut durch ein paar Veranstaltungen im Jahr. Wir organisieren kleine jahreszeitliche Feste, zu denen Gäste eingeladen werden, die Eintritt zahlen. Da gibt's dann Essen und Trinken, Live-Musik und wir verkaufen eigene Produkte. Und dann haben wir natürlich auch noch die Mitgliederbeiträge, die aber nicht hoch sind, denn wir wollen ja gerade den Menschen ein Leben in und mit der Natur bieten, die sich keinen eigenen Garten leisten können. Das Teuerste ist eigentlich gute, garantiert biologische Erde und solides Werkzeug. Zum Glück konnten wir einige Förderer gewinnen, die uns unterstützen. Dafür sind wir sehr dankbar. Wie du sehen kannst, versuchen wir, so viel wie möglich den Abfall unserer Wegwerfgesellschaft zu recyceln. Da kann es schon sein, dass eine alte Tetrapackung bepflanzt wird, oder ein ausgemusterter Turnschuh als Blumentopf dient oder wir aus alten Bodendielen ein Hochbeet bauen. Aber schau selbst, ich zeige dir jetzt einfach unser kleines Paradies. Komm!

2 a) Lösung

	richtig	falsch
1. Asta ist ein guter Wachhund, deshalb ist er gefährlich.	☐	☒
2. Josef und ein paar Freunde hatten vor 15 Jahren die Idee zu dem Gemeinschaftsgarten.	☒	☐
3. Das Grundstück gehört einer Firma, die gemeinsam mit der Stadt dort ein Gartenprojekt geplant hat.	☐	☒
4. Dieser Gemeinschaftsgarten soll für die Menschen ein Ort der Begegnung sein.	☒	☐
5. Wenn die Menschen die Pflanzen wachsen sehen und viel Arbeit damit haben, verstehen sie, warum Obst und Gemüse so teuer sein müssen.	☐	☒
6. Daniela findet die Gedanken von Josef ziemlich langweilig.	☐	☒
7. Das Aufteilen der Gartenerzeugnisse führt leicht zu Streit.	☐	☒
8. Es gibt ein paar Regeln, an die sich die Vereinsmitglieder halten müssen. Das ist auch wichtig, damit die Versicherung bei einem Unfall zahlt.	☒	☐
9. Jedes Jahr sind fünf gewählte Mitglieder verantwortlich für alles, was im Garten gepflanzt, gesät und gearbeitet wird.	☒	☐
10. Der Gemeinschaftsgarten ist ein biologischer Garten, deshalb sollen keine chemischen Mittel eingesetzt werden.	☒	☐
11. Regenwürmer sind verantwortlich für gute Erde.	☒	☐
12. Wenn große Konzerne das Monopol auf Saatgut, chemische Dünger und Pestizide haben, garantiert das eine große Vielfalt an verschiedenen Pflanzensorten.	☐	☒
13. Obst oder Gemüse aus dem Garten kann man gegen Punkte eintauschen, die man durch Gartenarbeit verdienen kann.	☒	☐
14. Der Verein hat viel Geld, weil die Mitgliederbeiträge sehr hoch sind.	☐	☒
15. Der Garten soll hauptsächlich für Menschen sein, die nicht so wohlhabend sind, dass sie ein eigenes Haus mit Garten haben.	☒	☐
16. Im Garten werden viele alte Materialien wieder sinnvoll genutzt.	☒	☐

▶ 10 **2 b) Text und Lösung**

1. Warum ist Asta ein guter Wachhund? – Weil sie gleich *erkennt, wer* neu ist.
2. Warum hat Daniela Glück, Josef zu treffen? – Weil er eines der *Gründungsmitglieder* ist.
3. Was war auf dem Grundstück, bevor der Gemeinschaftsgarten dort angelegt wurde? – Das Grundstück ist ein ehe*maliges* Firmen*gelände*.
4. Wofür war die Ausschreibung der Stadt, um das Grundstück zu bekommen? – Für *gemeinnützige* Projekte.
5. Wovon ist Josef überzeugt? – Dass Pflanzen, Säen und Ernten ein elementares *Grundbedürfnis* des Menschen ist.
6. Was begreifen die Menschen, wenn sie sehen, wie Obst, Gemüse und Kräuter wachsen? – Wie *wertvoll* Nahrung ist.
7. Womit möchte Josef Daniela nicht langweilen? – Mit seiner Welt*anschauung*.
8. Warum muss es Regeln geben, an die sich alle halten? – Damit bei einem Unfall die *Versicherung* zahlt.
9. Was für ein System hat der Verein, damit es im Garten keinen Streit gibt und das Ökosystem funktioniert? – Jedes Jahr werden fünf Mitglieder *gewählt*, die für das Gartenjahr verantwortlich sind.
10. Warum braucht man nicht unbedingt Dünger und Pflanzenschutzmittel? – Weil man Pflanzen so *kombinieren* kann, dass sie sich *gegenseitig* schützen.
11. Was ist durch die Ernährungsindustrie bedroht? – Der genetische *Reichtum* der Pflanzen und die *Vielfalt* von Sorten und Arten.
12. Wie wird die Ernte des Gartens genutzt? – Die *Mitglieder* können durch Gartenarbeit Punkte sammeln und die Garten*erzeugnisse* gegen Punkte eintauschen.
13. Wie wird die Pacht für das Gelände finanziert? – Die Pacht ist sehr *gering* und trägt sich durch ein paar *Veranstaltungen* im Jahr.
14. Warum sind die Mitgliederbeiträge nicht hoch? – Damit auch die Menschen Natur erleben, die sich keinen eigenen Garten *leisten* können.
15. Wie versucht man, die Kosten für den Garten gering zu halten? – Indem so viel wie möglich *Abfall* unserer Wegwerfgesellschaft *recycelt* wird.

B3 Städte und lebenswertes Umfeld – ein Paradoxon?

▶ 11 **3 a) Hören Sie und kreuzen Sie an: Was ist richtig?**

1. Ballungsräume wachsen immer weiter in das ländliche Umland hinein,

- [x] während die Einwohnerzahlen auf dem Land sinken.
- [ ] weil die Städte keine Wohnqualität mehr bieten.
- [ ] weil die Bevölkerung der ländlichen Regionen zunimmt.

2. Die typischen Trabantenstädte

- [ ] haben großen Erholungswert für die Stadtbevölkerung.
- [ ] bieten Schlafmöglichkeiten und Arbeitsplätze.
- [ ] haben weder eine eigene Infrastruktur noch Kultur- und Freizeitangebote.

3. In einem solchen Vorstadtbereich

- [ ] gibt es eine lebendige Durchmischung aller Bevölkerungsschichten.
- [ ] wohnen hauptsächlich Menschen, die sich ein besseres Wohnviertel nicht leisten können.
- [ ] finden die Städter einen natürlichen Landschaftsgürtel und können sich dort erholen.

4. In der Städteplanung der Zukunft

- ☐ muss die Politik mit Fachleuten gut durchdachte Konzepte entwickeln.
- ☐ bedroht die Kommunalpolitik die vertrauten Lebensräume.
- ☐ bedeutet Wachstum den Verlust von Lebensqualität.

5. Um vielen Menschen ein lebenswertes Umfeld zu bieten,

- ☐ muss es billigen sozialen Wohnungsbau geben.
- ☐ muss es sehr teure Designarchitektur geben.
- ☐ muss es möglich sein, einfache und preiswerte Wohnungen zu finden.

6. Das Zentrum muss gut mit öffentlichen Verkehrsmitteln erreichbar sein,

- ☐ damit die Umwelt nicht durch viel Autoverkehr belastet wird.
- ☐ weshalb viele Straßen gebaut werden müssen.
- ☐ und niemand soll zu Fuß gehen müssen.

7. Viele Grünflächen und Parks sind wichtig für die Lebensqualität,

- ☐ deshalb soll es keine Häuser aus der Zeit der Industrialisierung mehr geben.
- ☐ weshalb man wieder zu den alten mehrstöckigen Häuserblöcken mit einem grünen Innenhof zurückkehrt.
- ☐ deshalb sollen Europas Altstädte geschlossen werden.

8. Die Bewegung des „Neuen Urbanismus“

- ☐ möchte große Mengen an Wohnraum bieten, damit die Kriminalität zurückgeht.
- ☐ möchte, dass die Menschen viel in den Altstädten spazieren gehen.
- ☐ glaubt, dass es möglich ist, viel Wohnraum in eine angenehme und vielfältige Umgebung zu bauen.

9. Es muss ein lebendiges, vielfältiges Umfeld geben,

- ☐ damit auch junge Menschen sich damit identifizieren können und die Zukunft lebenswert gestalten.
- ☐ in dem junge Menschen zur Schule gehen können.
- ☐ in dem auch Kinder aufwachsen können.

▶ 12 **3 b) Jetzt sind Sie dran. Ergänzen Sie die Antworten, dann hören Sie die Fragen und antworten Sie möglichst frei.**

1. Was hat eine Studie der jüngsten Zeit ergeben?

   Dass die l*ändlichen* Regionen E__________ verlieren, die Städte jedoch einen e__________ Bev__________ erleben.

2. Was sind Trabantenstädte?

   Das sind Wohnmöglichkeiten für P__________, ohne eigene I__________ und ohne Frei__________ mit Erh__________.

3. Wer wohnt in typischen Trabantenstädten?

   Oft die sozial sc__________ Sch__________ der Be__________.

4. Was ist die Folge?

   Das führt zu Gh__________ und verhindert eine I__________ D__________ der Stadtbevölkerung.

5. Was ist die Herausforderung der Kommunalpolitik unserer Zeit?

   Im Dia______ mit unter__________ Fach__________ müssen durch__________ K__________ entwickelt werden.

6. Was ist wichtig, damit sich die Menschen in ihrem Wohnumfeld wohlfühlen?

   Es muss in jedem V__________ die Möglichkeit geben, auch pr__________ Wohnungen zu finden, und die An__________ ans Zentrum mit öf__________ Ver__________ ist wichtig. Dazu muss es auch genug Fr__________ geben.

7. Welche Bauweise prägt heute noch die Altstädte Europas?

   Die m__________ Hä__________, die um einen ru__________ und häufig gr__________ In__________ angeordnet sind.

8. Woran orientiert sich die Bewegung des „Neuen Urbanismus“?

   An den gew____________ Str___________ der hi______________

   A____________.

9. Was ist trotz dichter Bebauung und einem großen Angebot an Wohnraum wichtig?

   Fuß__________________________ Straßen und Plätze, ein

   an____________ Umfeld mit viel____________ ku_____________ Leben

   und ins________________ Einkaufs______.

10. Wie können junge Menschen aufwachsen, die unsere Zukunft verantwortungsvoll und lebenswert gestalten?

    In einem Umfeld, das Viel______ bietet, fl_________ auf die

    B_______________ der Menschen reagiert und damit zur

    I_____________________ führt.

▶ 11 **3 a) Text**

Im Kulturzentrum wurde zu einem öffentlichen Vortrag über „Städteplanung der Zukunft“ eingeladen. Die Hauptrednerin ist Frau Professor Doktor Kerlow, die an der Hochschule für Architektur einen Lehrstuhl innehat.

Guten Abend, meine Damen und Herren!

Herzlich willkommen zu meinem Vortrag über die Gestaltung unserer Städte der Zukunft. Ist Stadtleben in einem lebenswerten Umfeld ein Paradoxon, muss das so sein? Diese Frage wird uns heute Abend beschäftigen.
Eine Studie der jüngsten Zeit hat ergeben, dass besonders die ländlichen Regionen Einwohner verlieren, die Städte jedoch einen enormen Bevölkerungszuwachs erleben. Ballungsräume, die immer weiter in ländliche Randgebiete wachsen – was bedeutet das für die Wohnqualität und für die Stadt generell?
Jeder kennt die typischen Trabantenstädte, die zu Vorstädten der Stadtzentren werden. Sie besetzen Freiräume außerhalb der Stadt, die einmal landwirtschaftlich genutzt waren und großen Erholungswert für die Stadtbevölkerung hatten. Meist jedoch bieten sie nicht mehr als nur zahlreiche Schlafmöglichkeiten für Pendler, deren Arbeitsplätze sich in der Stadt befinden.

Hier gibt es kaum eigene Infrastruktur, Geschäfte nur für den notwendigen täglichen Bedarf und höchstens noch Schulen bzw. Kindergärten, aber keine kulturellen Angebote oder Freizeitangebote mit wirklichem Erholungswert.
Die Architektur ist oft eintönig und in diesem Vorstadtbereich sammeln sich die sozial schwachen Schichten der Bevölkerung, die sich ein angenehmeres Wohnumfeld nicht leisten können. Damit führen die Trabantenstädte zur Gettoisierung oder zumindest verhindern sie eine lebendige Durchmischung der Stadtbevölkerung.
Negative Folgen hat auch die Bebauung des natürlichen Landschaftsgürtels um die Kernstadt, dessen Erholungswert zerstört ist. Um Natur zu erreichen, muss der Städter immer weiter fahren.
Aber: Muss Wachstum diese Folgen haben? Ist nicht vielmehr die Entwicklung durchdachter Konzepte im Dialog mit unterschiedlichsten Fachdisziplinen die Aufgabe und Herausforderung der Kommunalpolitik unserer Zeit? Wachstum darf nicht nur Bedrohung und Verlust vertrauter und lieb gewordener Lebensräume bedeuten, sondern muss zum Gewinn von Lebensqualität für alle werden!
Dazu brauchen wir aber eine Vision und ein möglichst genau definiertes Ziel. Was erwarten wir von der Stadt? Was soll sie den Bewohnern bieten? Was ist wichtig, damit sich die Menschen in ihrem Wohnumfeld wohlfühlen und auch bereit sind, Verantwortung dafür zu übernehmen?
Ein wesentlicher Punkt sind die Mietpreise. Wenn hochpreisige Designarchitektur auf der einen Seite steht und auf der anderen Seite nur billiger sozialer Wohnungsbau, dann sind soziale und wirtschaftliche Probleme die logische Folge. Es muss in jedem Viertel die Möglichkeit geben, preiswerte Wohnungen zu finden, wenn man akzeptiert, dass sie einfach und bescheiden sind.
Die Anbindung ans Zentrum ist wesentlich, und zwar so, dass die Umwelt nicht belastet wird. Öffentliche Verkehrsmittel – und damit meine ich nicht nur Busse – sollten unbedingt Priorität haben vor Straßenbau. Sobald Individualverkehr überwiegt, ist der Ressourcenverbrauch einfach zu hoch. Kurze Wege und Fußgängerfreundlichkeit, das sollte das Ziel sein.
Freiräume müssen möglich sein, denn jede Grünfläche und jeder Park hebt die Lebensqualität der Bewohner. Mehrstöckige Häuserblöcke, wie sie im Zeitalter der Industrialisierung entstanden sind, prägen heute noch Europas Altstädte. Sie sind in geschlossener Bauweise um einen ruhigen und häufig grünen Innenhof angeordnet. Nach den negativen Erfahrungen mit der Entstehung der Satelliten- oder Trabantenstädte kehrt man heute im städteplanerischen Denken wieder dahin zurück.
Bereits vorhandene Stadt muss optimal genutzt und notfalls dichter mit Wohnungen gefüllt werden. Die Bewegung des „Neuen Urbanismus“, entstanden Anfang der 90er-Jahre in den USA, orientiert sich genau an diesen gewachsenen Strukturen der historischen Altstädte. Auch wenn manchmal die rückwärtsgewandte Ästhetik dieser

Bewegung kritisiert wird, so zeigt sie doch: Dichte Bebauung und ein Angebot von großen Mengen an Wohnraum muss nicht heißen, dass es keine fußgängerfreundlichen Straßen und Plätze gibt, ein anregendes Umfeld mit vielfältigem kulturellen Leben und inspirierender Einkaufswelt. Dort, wo Menschen spazieren gehen und gemeinschaftlich öffentlichen Raum nutzen und wo öffentlicher Raum Aufenthaltsmöglichkeiten bietet, wird erst wirkliches Zusammenleben möglich und geht sogar die Kriminalität zurück. Denn hier wird ein Leben mit Kindern und für Kinder erst realisierbar.
Und damit bin ich bei meinem letzten Punkt: Gut durchdachte Schulbauprogramme sind notwendig, um eine Art Campusleben zu ermöglichen. In einem Umfeld, das Vielfalt bietet, flexibel auf die Bedürfnisse der Menschen reagiert und damit zur Identifizierung führt, können junge Menschen aufwachsen, die unsere Welt der Zukunft verantwortungsvoll und lebenswert gestalten.

▶ 11 **3 a) Lösung**

1. Ballungsräume wachsen immer weiter in das ländliche Umland hinein, *während die Einwohnerzahlen auf dem Land sinken*.
2. Die typischen Trabantenstädte *haben weder eine eigene Infrastruktur noch Kultur- und Freizeitangebote*.
3. In einem solchen Vorstadtbereich *wohnen hauptsächlich Menschen, die sich ein besseres Wohnviertel nicht leisten können*.
4. In der Städteplanung der Zukunft *muss die Politik mit Fachleuten gut durchdachte Konzepte entwickeln*.
5. Um vielen Menschen ein lebenswertes Umfeld zu bieten, *muss es möglich sein, einfache und preiswerte Wohnungen zu finden*.
6. Das Zentrum muss gut mit öffentlichen Verkehrsmitteln erreichbar sein, *damit die Umwelt nicht durch viel Autoverkehr belastet wird*.
7. Viele Grünflächen und Parks sind wichtig für die Lebensqualität, *weshalb man wieder zu den alten mehrstöckigen Häuserblöcken mit einem grünen Innenhof zurückkehrt*.
8. Die Bewegung des „Neuen Urbanismus“ *glaubt, dass es möglich ist, viel Wohnraum in eine angenehme und vielfältige Umgebung zu bauen*.
9. Es muss ein lebendiges, vielfältiges Umfeld geben, *damit auch junge Menschen sich damit identifizieren können und die Zukunft lebenswert gestalten*.

▶ 12 3 b) Text und Lösung

1. Was hat eine Studie der jüngsten Zeit ergeben?
   Dass die ländlichen Regionen Einwohner verlieren, die Städte jedoch einen enormen Bevölkerungszuwachs erleben.
2. Was sind Trabantenstädte?
   Das sind Wohnmöglichkeiten für Pendler, ohne eigene Infrastruktur und ohne Freizeitangebote mit Erholungswert.
3. Wer wohnt in typischen Trabantenstädten?
   Oft die sozial schwachen Schichten der Bevölkerung.
4. Was ist die Folge?
   Das führt zu Ghettoisierung und verhindert eine lebendige Durchmischung der Stadtbevölkerung.
5. Was ist die Herausforderung der Kommunalpolitik unserer Zeit?
   Im Dialog mit unterschiedlichsten Fachdisziplinen müssen durchdachte Konzepte entwickelt werden.
6. Was ist wichtig, damit sich die Menschen in ihrem Wohnumfeld wohlfühlen?
   Es muss in jedem Viertel die Möglichkeit geben, auch preiswerte Wohnungen zu finden, und die Anbindung ans Zentrum mit öffentlichen Verkehrsmitteln ist wichtig. Dazu muss es auch genug Freiräume geben.
7. Welche Bauweise prägt heute noch die Altstädte Europas?
   Die mehrstöckigen Häuserblöcke, die um einen ruhigen und häufig grünen Innenhof angeordnet sind.
8. Woran orientiert sich die Bewegung des „Neuen Urbanismus"?
   An den gewachsenen Strukturen der historischen Altstädte.
9. Was ist trotz dichter Bebauung und einem großen Angebot an Wohnraum wichtig?
   Fußgängerfreundliche Straßen und Plätze, ein anregendes Umfeld mit vielfältigem kulturellen Leben und inspirierender Einkaufswelt.
10. Wie können junge Menschen aufwachsen, die unsere Zukunft verantwortungsvoll und lebenswert gestalten?
    In einem Umfeld, das Vielfalt bietet, flexibel auf die Bedürfnisse der Menschen reagiert und damit zur Identifizierung führt.

C Bilderwelten

C1 Vincent will Meer

▶ 13 **1 a) Hören Sie und kreuzen Sie an: Was ist richtig?**

1. „Vincent will Meer"

   ☐ ist ein Film, den man nicht gesehen haben muss.
   ☒ ist einer von Janines Lieblingsfilmen.
   ☐ ist ein Film, den sich Linus damals angeschaut hat.

2. In dem Film geht es um drei Jugendliche,

   ☐ die eine psychiatrische Klinik kennenlernen.
   ☐ die in Italien eine psychiatrische Klinik anschauen.
   ☐ die aus einer psychiatrischen Klinik weglaufen und nach Italien wollen.

3. Der Hauptdarsteller hat eine Nervenkrankheit,

   ☐ die ihn unkontrollierbare Bewegungen, Geräusche oder Äußerungen machen lässt.
   ☐ die nur in stressigen Situationen auftritt.
   ☐ die aber keinen Zusammenhang mit Vincents Tics hat.

4. Vincents Freundin Marie

- ☐ ist drogensüchtig.
- ☐ ist magersüchtig.
- ☐ ist zu dick und muss abnehmen.

5. Vincent will die Asche seiner Mutter nach Italien bringen,

- ☐ weil sein Vater ihn nicht brauchen kann.
- ☐ weil sie italienische Bonbons mochte.
- ☐ weil sie so gern noch einmal das Meer in Italien sehen wollte.

6. Marie und Vincent stehlen das Auto der Therapeutin,

- ☐ um Alexander zu entführen.
- ☐ weil sie die Therapeutin nicht mögen.
- ☐ um nach Italien zu fahren.

7. Der Film ist schön,

- ☐ weil die psychischen Krankheiten der drei komisch sind.
- ☐ weil er sehr dramatisch ist.
- ☐ weil er lustig, aber gleichzeitig auch traurig ist.

8. Das Verhältnis von Vincent und seinem Vater

- ☐ ist sehr schlecht, weil der Vater möchte, dass Vincent Karriere macht.
- ☐ ist gut, weil Vincent alles macht, was sein Vater will.
- ☐ wird durch die Italienreise besser, weil der Vater beginnt, Vincent anders zu sehen.

9. Vincent und Marie verlieben sich,

- ☐ obwohl sie Angst vor Nähe haben.
- ☐ aber sie haben Angst davor, sich zu berühren.
- ☐ weil die Therapeutin ihnen das geraten hat.

▶ 14 **1 b) Jetzt sind Sie dran. Hören Sie und wiederholen Sie.**

▶ 13 **1 a) Text**

Janine und Linus haben sich im Café getroffen und wollen am Abend zusammen ins Kino gehen. Durch das Lesen des Kinoprogramms angeregt, erzählen sie sich gegenseitig von Filmen, die ihnen gut gefallen haben.

Janine: Was, den hast du damals nicht gesehen? Den musst du dir anschauen! Das ist einer von meinen Lieblingsfilmen.

Linus: Worum geht's denn in dem Film?

Janine: Er handelt von drei Jugendlichen, die sich in einer psychiatrischen Klinik kennenlernen und zusammen abhauen, Richtung Italien.

Linus: Sind die dann alle drei psychisch krank?

Janine: Ja, der Hauptdarsteller hat Tourette ...

Linus: Hm? Was ist das denn?

Janine: Das ist eine Nervenkrankheit, die sich in verschiedenen Tics äußert. Die Leute bewegen sich dann plötzlich ganz heftig oder machen Geräusche oder fluchen laut, alles völlig ohne Zusammenhang. Sie können sich nicht kontrollieren, und besonders schlimm ist es in Situationen, in denen sie stark belastet oder unter Druck sind.

Linus: Puh, das ist ja hart! Und was haben die beiden anderen?

Janine: Das Mädchen, Marie, ist magersüchtig, will also nichts essen und ständig abnehmen, und der andere junge Mann, Alexander, hat eine Zwangsneurose. Für ihn muss immer alles wahnsinnig ordentlich und sauber sein.

Linus: Und warum fahren sie zusammen nach Italien?

Janine: Vincent – der mit Tourette – ist in die Klinik gekommen, weil seine Mutter gestorben ist und sein Vater ihn nicht brauchen kann. Seine Mutter war eigentlich seine einzige Bezugsperson. Sie hatte ihm einmal gesagt, sie würde so gern noch einmal nach Italien fahren und das Meer sehen. Vincent trägt die Asche seiner Mutter immer in einer Bonbondose mit sich herum und will sie in Italien ins Meer streuen, um ihr diesen letzten Wunsch zu erfüllen. Marie, von ihrem Charakter her eher rebellisch, bringt Vincent dazu, das Auto der Therapeutin zu stehlen, damit sie zusammen nach Italien fahren können. Das merkt jedoch der Mitbewohner von Vincent, Alexander, und damit der sie nicht verrät, entführen sie ihn und nehmen ihn mit, obwohl sie ihn eigentlich nicht besonders mögen.

Linus: Tolles Trio!

Janine: Ja, und das ist das Schöne an dem Film: Er könnte in Richtung Slapstick gehen oder melodramatisch werden, aber für mich hält er immer genau die Balance. Er ist witzig, weil es durch die psychischen Krankheiten der drei natürlich zu Situationskomik kommt, aber er macht sich nicht lustig über sie. Und gleichzeitig ist er traurig und man leidet mit den Jugendlichen mit.

Linus: Und was für eine Rolle spielt der Vater?

Janine: Das ist auch gut gelungen. Das Verhältnis von Vater und Sohn ist anfangs katastrophal, denn der Sohn stört den Vater nur. Vincent funktioniert nicht so, wie sein Vater will, und wird deshalb in die Klinik abgeschoben. Der Vater plant eine lokalpolitische Karriere und kann dabei Vincent mit seiner Krankheit nicht brauchen. Nach der Flucht der drei mit dem gestohlenen Auto macht sich der Vater zusammen mit der Therapeutin auf den Weg, um sie zu suchen. Durch die Gespräche mit der Therapeutin beginnt der Vater, seinen Sohn anders zu sehen, und so wird diese Reise auch zu einem Neuanfang für das Verhältnis zwischen den beiden.

Linus: Und – lass mich raten: Vincent und Marie verlieben sich!

Janine: Klar, das muss ja wohl so sein. Aber auch das ist nicht nur Klischee, sondern wirklich gut gemacht. Alle drei Jugendlichen haben eins gemeinsam, nämlich Angst vor körperlicher Nähe. Und wie besonders Marie und Vincent langsam mutiger werden und auch Berührungen wagen, das geht einem sehr nah.

Linus: Das klingt wirklich gut. Also Psycho-Drama, Liebesfilm und Road-Movie?

Janine: Genau! Und du hast das noch nicht gesehen!

Linus: Na, dann wird's aber Zeit …

1 a) Lösung

1. „Vincent will Meer" *ist einer von Janines Lieblingsfilmen.*
2. In dem Film geht es um drei Jugendliche, *die aus einer psychiatrischen Klinik weglaufen und nach Italien wollen.*
3. Der Hauptdarsteller hat eine Nervenkrankheit, *die ihn unkontrollierbare Bewegungen, Geräusche oder Äußerungen machen lässt.*
4. Vincents Freundin Marie *ist magersüchtig.*
5. Vincent will die Asche seiner Mutter nach Italien bringen, *weil sie so gern noch einmal das Meer in Italien sehen wollte.*
6. Marie und Vincent stehlen das Auto der Therapeutin, *um nach Italien zu fahren.*
7. Der Film ist schön, *weil er lustig, aber gleichzeitig auch traurig ist.*
8. Das Verhältnis von Vincent und seinem Vater *wird durch die Italienreise besser, weil der Vater beginnt, Vincent anders zu sehen.*
9. Vincent und Marie verlieben sich, *obwohl sie Angst vor Nähe haben.*

▶ 14 **1 b) Text**

1. Hast du den Film nicht gesehen? Den musst du dir anschauen!
2. Das ist einer von meinen Lieblingsfilmen.
3. Worum geht's denn in dem Film?
4. Er handelt von drei Jugendlichen, die sich in einer psychiatrischen Klinik treffen.
5. Der Hauptdarsteller hat eine Nervenkrankheit, die sich in verschiedenen Tics äußert.
6. Das Schöne an dem Film ist, dass er immer genau die Balance hält.
7. Er ist witzig, weil es durch die psychischen Krankheiten der drei natürlich zu Situationskomik kommt, aber er macht sich nicht lustig über sie.
8. Was für eine Rolle spielt der Vater?
9. Die Gespräche mit der Therapeutin helfen dem Vater, seinen Sohn anders zu sehen.
10. Die Reise wird zu einem Neuanfang für das Verhältnis der beiden zueinander.
11. Das muss wohl so sein, ist aber nicht nur Klischee, sondern wirklich gut gemacht.
12. Wie Marie und Vincent langsam mutiger werden und Berührungen wagen, das geht einem wirklich nah.

C2 Der Fotograf August Sander – eine Ausstellung

▶ 15 **2 a) Hören Sie und kreuzen Sie an: Was ist richtig, was ist falsch?**

	richtig	falsch
1. Die Fotoausstellung in der Kunsthalle wird anlässlich des 50. Geburtstages von August Sander gezeigt.	☐	☒
2. Auf den Fotos kann man Menschen aus allen Schichten der Weimarer Gesellschaft sehen.	☐	☐
3. Zum Zeitpunkt der Aufnahme des Selbstporträts ist Sander 49 Jahre alt.	☐	☐
4. Seinem Gesicht sieht man an, dass er zu diesem Zeitpunkt bereits viel erlebt hat.	☐	☐
5. Sanders Bilder dokumentieren sehr realistisch die beiden Weltkriege.	☐	☐
6. Er war in seiner Jugend Hilfsarbeiter bei einem Fotografen.	☐	☐
7. Porträts sind ein wichtiger Teil seines Werkes, aber er hat auch andere Fotos gemacht.	☐	☐
8. Das Bild „Der Handlanger" zeigt August Sander selbst in seinen jungen Jahren.	☐	☐

	richtig	falsch
9. Im unteren Teil des Bildes sieht man die Steine, die der junge Mann heben muss.	☐	☐
10. Viele der Personen, die Sander fotografiert hat, lächeln in die Kamera.	☐	☐
11. In einem Bildband hat Sander Fotos von allen Menschen der Gesellschaft und allen Berufsgruppen herausgegeben.	☐	☐
12. Die Nationalsozialisten haben den Bildband verboten, weil er auch Kranke und Behinderte gezeigt hat.	☐	☐
13. Das Foto mit den drei jungen Bauern zeigt viele Einzelheiten aus deren Leben.	☐	☐
14. Sander wollte nicht nur Fotograf, sondern vor allem Künstler sein.	☐	☐
15. Sanders Sohn Erich war politischer Gefangener und hat die Zeit im Gefängnis nicht überlebt.	☐	☐
16. Der Bildband „Menschen des 20. Jahrhunderts", den August Sander herausgegeben hat, ist ein wertvolles Zeitdokument.	☐	☐
17. Im vorderen Bereich des Raumes sieht man Bilder von Köln vor und im hinteren Bereich nach dem Krieg.	☐	☐

▶ 16 **2 b) Jetzt sind Sie dran. Hören Sie und wiederholen Sie.**

▶ 15 **2 a) Text**

In der Kunsthalle wird anlässlich des 50. Todestages von August Sander eine Ausstellung mit ausgewählten berühmten Werken des Fotografen gezeigt. Hören Sie die Führung einer Kunsthistorikerin:

Guten Abend, meine Damen und Herren!

Ich darf Sie ganz herzlich zu unserer Ausstellung von Werken des Fotografen August Sander begrüßen. Wir freuen uns sehr, dass es uns gelungen ist, diese Ausstellung in unsere Kunsthalle zu bringen. Hier sehen wir nicht nur die Werke eines Klassikers der Fotografie, 1876 geboren, sondern begegnen in seinem Hauptwerk, seinen Porträts, einem sehr eindrucksvollen Abbild der Weimarer Gesellschaft. Wie Sie alle wissen, beginnt die Weimarer Republik mit dem Ende des Ersten Weltkriegs 1918 und endet 1933, als die Nationalsozialisten an die Macht kamen.

Lassen Sie uns gleich hier in der Eingangshalle mit seinem Selbstporträt beginnen. Zum Zeitpunkt der Fotografie ist August Sander fast 50 Jahre alt. Das Gesicht dieses Mannes über einem weißen Stehkragen und einer schwarzen Anzugjacke verrät uns viel, obwohl es einfach vor einer weißen Wand aufgenommen ist, ohne Requisiten, nicht inszeniert, ganz pur. Das Leben hat dieses Gesicht gezeichnet und tiefe Falten hinterlassen, zuerst die harte Kindheit in einer Bergmannsfamilie mit sieben Kindern und nicht zuletzt die vier Jahre Kriegsdienst im Ersten Weltkrieg. Man ist von seinen durchdringenden Augen fasziniert, die einen nicht loslassen. Dieser Blick ist es, der die Gesellschaft seiner Zeit festzuhalten versucht und somit Lebenswirklichkeit dokumentiert, sachlich, realistisch, und dennoch zutiefst bewegend. Sein Werk wird der „Neuen Sachlichkeit“ zugeordnet, einer Kunstrichtung, die ihren Höhepunkt zwischen den beiden Weltkriegen hatte.

Zur Fotografie kam Sander bereits in seiner Jugend, während er als Hilfsarbeiter in einem Bergwerk arbeitete. Hier assistierte er eines Tages einem Berufsfotografen und entdeckte so die Leidenschaft seines Lebens. Von seinem Onkel erhielt er daraufhin Geld, um sich eine eigene Fotoausrüstung und Zubehör für ein Fotolabor zu kaufen. Auch während des Ersten Weltkriegs konnte er bei einem Fotografen weiter Berufserfahrung sammeln. Porträts sind der Schwerpunkt seines Schaffens, allerdings gibt es auch Landschaftsaufnahmen, Natur- und Architekturfotografie und eine Reihe mit Stadtfotografien, zum Beispiel eine historisch höchst interessante Dokumentation der Stadt Köln.

Doch gehen wir nun zuerst in den Raum mit den Porträtaufnahmen.

Eines seiner berühmtesten Bilder, das wir hier vorne rechts sehen, ist „Der Handlanger“, 1928 aufgenommen. Als ein solcher Hilfsarbeiter war Sander selbst in seiner Jugend in einem Bergwerk beschäftigt. Wir sehen einen starken jungen Mann, der selbstbewusst und etwas skeptisch in die Kamera blickt. Das obere Drittel des Bildes ist ausgefüllt von der schweren Last der Steine auf seinen Schultern, und man fragt sich, wie der schlanke Körper des Mannes dieses Gewicht tragen kann. Ich weiß nicht, wie es Ihnen beim Betrachten dieses Bildes geht, aber meine Aufmerksamkeit wird jedes Mal zuerst auf die Augen und dann sofort auf die Hände gelenkt, Hände, die viel über das Leben dieses jungen Mannes erzählen.

Wenn Sie die anderen Bilder hier im Raum anschauen, wird Ihnen auffallen, wie ernst alle Personen in die Kamera sehen. Das war von Sander so gewollt, denn seiner Meinung nach verfälscht ein Lächeln den Eindruck. Er wollte die Menschen genau so zeigen, wie sie sind.

Sein erster Bildband, „Antlitz der Zeit", präsentiert Menschen aus verschiedenen Berufsgruppen und unterschiedlichen Schichten. So schuf er ein wirklichkeitsgetreues Abbild der Gesellschaft der Weimarer Republik. Betrachten Sie die Bilder in diesem Raum: Sie finden Bauern, Arbeiter, Beamte, Lehrer, Geistliche, Aristokraten, Sportler, Politiker und viele mehr. Auch die Randgruppen der Gesellschaft und Themen wie Krankheit und Behinderung sind vertreten. Das führte dazu, dass Sander während der Zeit des Nationalsozialismus seinen Bildband „Antlitz der Zeit" nicht mehr verkaufen durfte.

An dieser Wand links zum Beispiel sehen Sie eine Sammlung von Fotos aus der Reihe „Der Bauer". Auf diesem Bild sind drei Jungbauern dargestellt, sonntäglich gekleidet auf dem Weg zum Dorf. Nur drei junge Männer, keine Einzelheiten außer der Kleidung, einem Gehstock und der Zigarette im Mund des hinteren Mannes, und dennoch ergänzt die Fantasie des Betrachters alle weiteren Lebensumstände dieser Menschen.

Sander sah sich nie als Künstler, sondern einfach als Fotograf. Er wollte alles, was er um sich herum sah, festhalten – ohne Ausnahmen. Dazu zählten während der Zeit des Nationalsozialismus auch emigrierte Juden, Fremdarbeiter und politische Gefangene, unter denen sich auch sein Sohn Erich befand. Er wurde als Mitglied der „Sozialistischen Arbeiterpartei Deutschlands" zu zehn Jahren Gefängnis verurteilt und starb vor seiner Entlassung, ein Jahr vor Kriegsende. Sein Vater sollte ihn noch 20 Jahre überleben und ein wertvolles Zeitdokument hinterlassen, das nach seinem Tod mit dem Titel „Menschen des 20. Jahrhunderts" herausgegeben wurde.

Weiter wollen wir uns in diesem Raum rechts seinen Studien zur Stadt Köln zuwenden. Im vorderen Bereich sehen Sie Bilder aus der Reihe „Köln wie es war" aus den Jahren von 1920 bis 1939. Im hinteren Bereich finden Sie Fotografien aus den Jahren 1945 und 1946 von der Zerstörung Kölns. Wenn Sie mir bitte folgen …

2 a) Lösung

	richtig	falsch
1. Die Fotoausstellung in der Kunsthalle wird anlässlich des 50. Geburtstages von August Sander gezeigt.	☐	☒
2. Auf den Fotos kann man Menschen aus allen Schichten der Weimarer Gesellschaft sehen.	☒	☐
3. Zum Zeitpunkt der Aufnahme des Selbstporträts ist Sander 49 Jahre alt.	☒	☐
4. Seinem Gesicht sieht man an, dass er zu diesem Zeitpunkt bereits viel erlebt hat.	☒	☐
5. Sanders Bilder dokumentieren sehr realistisch die beiden Weltkriege.	☐	☒
6. Er war in seiner Jugend Hilfsarbeiter bei einem Fotografen.	☐	☒
7. Porträts sind ein wichtiger Teil seines Werkes, aber er hat auch andere Fotos gemacht.	☒	☐
8. Das Bild „Der Handlanger" zeigt August Sander selbst in seinen jungen Jahren.	☐	☒
9. Im unteren Teil des Bildes sieht man die Steine, die der junge Mann heben muss.	☐	☒
10. Viele der Personen, die Sander fotografiert hat, lächeln in die Kamera.	☐	☒
11. In einem Bildband hat Sander Fotos von allen Menschen der Gesellschaft und allen Berufsgruppen herausgegeben.	☒	☐
12. Die Nationalsozialisten haben den Bildband verboten, weil er auch Kranke und Behinderte gezeigt hat.	☒	☐
13. Das Foto mit den drei jungen Bauern zeigt viele Einzelheiten aus deren Leben.	☒	☐
14. Sander wollte nicht nur Fotograf, sondern vor allem Künstler sein.	☐	☒
15. Sanders Sohn Erich war politischer Gefangener und hat die Zeit im Gefängnis nicht überlebt.	☒	☐
16. Der Bildband „Menschen des 20. Jahrhunderts", den August Sander herausgegeben hat, ist ein wertvolles Zeitdokument.	☒	☐
17. Im vorderen Bereich des Raumes sieht man Bilder von Köln vor und im hinteren Bereich nach dem Krieg.	☒	☐

▶ 16 2 b) Text

1. In der Kunsthalle wird anlässlich des 50. Todestages von August Sander eine Ausstellung mit berühmten Werken des Fotografen gezeigt.
2. Hier kann man die Werke eines Klassikers der Fotografie sehen.
3. Die Weimarer Republik beginnt mit dem Ende des Ersten Weltkriegs 1918 und endet 1933, als die Nationalsozialisten an die Macht kamen.
4. Das Gesicht dieses Mannes verrät uns viel über sein Leben, obwohl es ganz einfach vor einer weißen Wand aufgenommen ist.
5. Er versucht, die Gesellschaft seiner Zeit festzuhalten und Lebenswirklichkeit zu dokumentieren.
6. Die „Neue Sachlichkeit" war eine Kunstrichtung, die ihren Höhepunkt zwischen den beiden Weltkriegen hatte.
7. In seiner Jugend entdeckte Sander im Fotografieren die Leidenschaft seines Lebens und sammelte während des Ersten Weltkriegs bei einem Fotografen weitere Berufserfahrung.
8. Porträts sind der Schwerpunkt seines Schaffens.
9. Meine Aufmerksamkeit wird sofort auf die Hände gelenkt, die viel über das Leben dieses jungen Mannes erzählen.
10. Sander durfte während der Zeit des Nationalsozialismus seinen Bildband nicht mehr verkaufen.
11. Das Bild mit den drei jungen Bauern zeigt kaum Einzelheiten, und dennoch ergänzt die Fantasie des Betrachters alle weiteren Lebensumstände dieser Menschen.
12. Im vorderen Bereich des Raumes sehen wir Bilder von der Stadt Köln aus der Zeit vor dem Krieg.

C3 Interview mit einer Künstlerin

3 a) Welche Worterklärungen oder Synonyme passen? Verbinden Sie.

1. eingangs
2. sich befinden
3. lichtdurchflutet
4. mühsam
5. schaffen
6. beschwerlich
7. einzigartig
8. es juckt mich in den Fingern
9. Ideen umsetzen
10. jdm. etwas übel nehmen
11. r Medienrummel
12. zeitgenössische Kunst
13. sich sehnen nach etwas
14. überheblich
15. unerschöpflich
16. etwas schildern
17. spüren
18. dauerhaft
19. wahrhaftig
20. etwas auslösen
21. nach etwas streben
22. geborgen
23. bedrohlich

a) hell
b) erfinden, neu machen
c) etwas ist schwer und macht müde
d) arrogant
e) etwas erreichen wollen
f) das geht nie zu Ende, ist grenzenlos
g) ich möchte endlich etwas machen
h) sein
i) viele Anfragen wegen Interviews, Fotos, Fernsehauftritten etc.
j) Werke von Künstlern, die jetzt leben
k) sich etwas stark wünschen
l) sicher, geschützt
m) Ideen verwirklichen, realisieren
n) anstrengend
o) jdm. böse sein wegen etwas
p) zu Beginn, am Anfang
q) echt, nicht gelogen
r) etwas beginnen lassen
s) unheimlich, bedrückend, es macht Angst
t) fühlen
u) etwas beschreiben
v) das gibt es nicht noch einmal
w) Gegenteil von unbeständig, vorübergehend

▶ 17 **3 b) Hören Sie das Interview einmal, dann hören Sie noch einmal und ergänzen Sie die Lücken.**

Zur Ausstellungseröffnung der Kunstwoche Basel fand ein Interview mit der jungen, vielversprechenden Künstlerin Henna Muschkin statt.
Ein Journalist des lokalen Radiosenders besuchte sie in ihrem Atelier in den Bergen.

Journalist: Frau Muschkin, ich darf *eingangs* unseren Hörern kurz beschreiben, wo wir ______ ______________. Hier, in diesem ______________________________ Atelier, findet sich der ganze Reichtum Ihrer Werke: Zeichnungen, abstrakte Bilder, Installationen und Objekte. Ein Ort des Schaffens in der Einsamkeit der Schweizer Berge: Beim Blick aus dem Fenster vergisst man schnell den ______________ Weg, und doch – macht das Ihren Alltag nicht unendlich ____________________?

Muschkin: Diese Frage höre ich, wie Sie sich vorstellen können, nicht zum ersten Mal. Nach wie vor ist die Inspiration dieses Ortes so __________________, dass ich keine Mühen scheue, die solch ein Arbeitsplatz mit sich bringt. Ich lasse die Hektik und den Stress unserer Welt hinter mir, oder besser gesagt: unter mir, und fahre mit meinem Van immer höher hinauf. Natürlich, es ist eine lange Fahrt, aber Autofahren hat für mich auch etwas Meditatives. Je näher ich meinem Atelier komme, umso mehr _______ ___ _______ bereits ___ _______ ___________, all meine neuen Ideen _________________. Außerdem – bitte, nehmen Sie mir das nicht übel – hält der lange Weg auch viel ______________________ ab ... Die meisten Ihrer Kollegen wollen nicht so viel Zeit investieren – und ein Telefon kann man abschalten!

Journalist: Ich weiß es zu schätzen, dass Sie sich die Zeit für unser Gespräch nehmen! Seit Ihrer unglaublich erfolgreichen Ausstellung im Mai letzten Jahres haben Ihre Werke den ___________________________ Kunstmarkt erobert, und das, obwohl man sie schwer in bekannte Muster einordnen kann. Erfolg ist etwas, wonach sich jeder Künstler __________, aber bringt das nicht auch viel Druck mit sich?

Muschkin: Wie meinen Sie das?

Journalist: Druck, das Niveau so zu halten, wie es der Markt erfordert, schnell zu produzieren, Aufträge zu erfüllen ...

Muschkin: Nein, das kann man so nicht sagen. Ohne ____________________ klingen zu wollen: Ich halte mein kreatives Potenzial für nahezu ____________________________. Mein Problem ist es eher, Prioritäten zu setzen, Strukturen in all die Möglichkeiten zu bringen und besonders, mir selbst Ruhephasen zu gönnen. Oftmals ist es ein größerer Kraftakt, die Arbeit aus der Hand zu legen und schlafen zu gehen, als mich am Morgen wieder daranzusetzen.

Journalist: Was Sie hier _________________, dieser – ich möchte fast sagen – Tsunami an Ideen, das __________ der Betrachter auch in Ihren Werken. Die meist eher zarten Farben Ihrer abstrakten Bilder zum Beispiel stehen in einem aufregenden Kontrast zu einem starken, expressiven Pinselstrich. Steht hier ein Konzept am Anfang, oder ergibt sich vieles aus dem Arbeitsprozess?

Muschkin: Meine _________________________________ an meine Arbeiten ist selten analytisch, oft sogar eher pragmatisch. Da entscheiden dann plötzlich Materialien, ____________________ oder Farben darüber, wohin der Weg mich führt. Irgendwann komme ich meist an einen Punkt, an dem ich eigentlich fertig sein könnte, und trotzdem kann ich nicht aufhören. Da gibt es eine tiefe ______________________________, die mich immer wieder ___________________________ __________________ lässt, bis ich spüre: Ja. Das ist es. Bitte fragen Sie mich nicht, warum das so ist, es ist mir selbst ein Rätsel!

Journalist: Haben Sie auch schon einmal erlebt, dass Sie nicht zu diesem überzeugenden Schlusspunkt gekommen sind?

Muschkin: Oh ja, einige Male. Und das ist schmerzhaft. Ich _________ ____ ______________, die ich nicht akzeptieren will, die ich aufbrechen möchte – das ist ein harter Kampf und ___________ _______ _________. Aber ich kann nichts in die Öffentlichkeit geben, hinter dem ich nicht wirklich stehe. ______ ______ ______ ______ _______________ und natürlich auch dem Betrachter meiner Werke.

Journalist: Haben Sie Vorbilder, Frau Muschkin? Oder eine ________?

Muschkin: Wenn Sie mit Muse einen Menschen meinen, der mich ________________ inspiriert, dann bin ich ihm oder ihr bisher leider noch nicht begegnet. Aber es gibt für mich durchaus inspirierende Momente. Das ist oft eine Stimmung, die ich in der Natur erlebe, oder mit Menschen, die authentisch und ___________________ sind. Starke Erlebnisse, die einen Denkprozess und damit auch einen ______________________________ in mir _______________. Meine Vorbilder habe ich hauptsächlich bei den Malern der Renaissance gefunden. Die Bilder auf dem Höhepunkt der Renaissance, die der großen Meister Leonardo da Vinci, Michelangelo oder auch Albrecht Dürer, _______________ eine ___________________________ und Ruhe _____, die einzigartig ist. Man kann ____________ _____________, aber man wird es wohl niemals erreichen.

Journalist: Darf ich fragen, woran Sie zurzeit arbeiten?

Muschkin: Natürlich, das ist kein Geheimnis. Momentan arbeite ich an einer ______________________________. Zwei identische Räume, die sich nur durch meine Installation unterscheiden. Ich arbeite mit denselben Materialien, identisch in Qualität und Quantität, und versuche, die

	Raumatmosphäre allein durch die Materialanordnung zu verändern. Mein Ziel ist es, einen Raum so zu gestalten, dass sich der Betrachter ______________ fühlt, und dem anderen Raum eine __________________ Atmosphäre zu verleihen.
Journalist:	Ich bin sehr ______________! Frau Muschkin, dürfen wir Sie noch einmal auf der Kunstwoche erwarten?
Muschkin:	Ja, ich habe versprochen, zum Abschluss der Ausstellung noch einmal zu kommen ... Dann muss ich wohl mein geliebtes Atelier verlassen.
Journalist:	Ich freue mich darauf, Sie in Basel wiederzusehen! Herzlichen Dank für dieses interessante Interview!

3 c) Kreuzen Sie an: Was ist richtig, was ist falsch?

	richtig	falsch
1. Das Atelier der Künstlerin ist schwer zu erreichen, weil es sehr einsam hoch oben in den Bergen gelegen ist.	☒	☐
2. Frau Muschkin fühlt sich durch die lange Autofahrt gestresst und hat danach Probleme mit ihren Händen.	☐	☐
3. Sie hat mit ihren Werken viel Erfolg, obwohl sie sehr viele unterschiedliche Dinge macht.	☐	☐
4. Sie ist schnell erschöpft und braucht lange Ruhephasen.	☐	☐
5. Sie plant ihre Arbeiten sehr genau und verändert ihr Konzept nie.	☐	☐
6. Wenn sie nicht zu einem überzeugenden Ergebnis kommt, zeigt sie das Werk niemandem.	☐	☐
7. Frau Muschkin wird von der Natur und von Menschen inspiriert, aber auch die Maler der Renaissance haben sie beeinflusst.	☐	☐
8. Momentan arbeitet sie in zwei unterschiedlichen Räumen. In dem einen fühlt sie sich wohl, der andere macht ihr Angst.	☐	☐
9. Frau Muschkin möchte sehr gern zum Abschluss der Ausstellung noch einmal nach Basel fahren und freut sich darauf.	☐	☐

▶ 18 **3 d) Jetzt sind Sie dran. Hören Sie und wiederholen Sie.**

3 a) Lösung

1.	2.	3.	4.	5.	6.	7.	8.	9.	10.	11.	12.	13.	14.	15.	16.	17.	18.	19.	20.	21.	22.	23.
p	h	a	n	b	c	v	g	m	o	i	j	k	d	f	u	t	w	q	r	e	l	s

▶ 17 **3 b) Lösung**

Journalist: eingangs – uns befinden – lichtdurchfluteten – mühsamen – beschwerlich

Muschkin: einzigartig – juckt es mich – in den Fingern – umzusetzen – Medienrummel

Journalist: zeitgenössischen – sehnt

Muschkin: überheblich – unerschöpflich

Journalist: schildern – spürt

Muschkin: Herangehensweise – Werkstoffe – Unzufriedenheit – Veränderungen vornehmen

Muschkin: stoße an Grenzen – kostet viel Kraft – Das bin ich mir schuldig

Journalist: Muse

Muschkin: dauerhaft – wahrhaftig – Schaffensprozess – auslösen – strahlen – Vollkommenheit – aus – danach streben

Muschkin: Rauminstallation – geborgen – bedrohliche

Journalist: gespannt

3 c) Lösung

	richtig	falsch
1. Das Atelier der Künstlerin ist schwer zu erreichen, weil es sehr einsam hoch oben in den Bergen gelegen ist.	☒	☐
2. Frau Muschkin fühlt sich durch die lange Autofahrt gestresst und hat danach Probleme mit ihren Händen.	☐	☒
3. Sie hat mit ihren Werken viel Erfolg, obwohl sie sehr viele unterschiedliche Dinge macht.	☒	☐
4. Sie ist schnell erschöpft und braucht lange Ruhephasen.	☐	☒
5. Sie plant ihre Arbeiten sehr genau und verändert ihr Konzept nie.	☐	☒
6. Wenn sie nicht zu einem überzeugenden Ergebnis kommt, zeigt sie das Werk niemandem.	☒	☐
7. Frau Muschkin wird von der Natur und von Menschen inspiriert, aber auch die Maler der Renaissance haben sie beeinflusst.	☒	☐
8. Momentan arbeitet sie in zwei unterschiedlichen Räumen. In dem einen fühlt sie sich wohl, der andere macht ihr Angst.	☐	☒
9. Frau Muschkin möchte sehr gern zum Abschluss der Ausstellung noch einmal nach Basel fahren und freut sich darauf.	☐	☒

▶ 18 3 d) Text

1. Das Atelier ist ein Ort des Schaffens in der Einsamkeit der Schweizer Berge.
2. Ich scheue keine Mühen, die so ein Arbeitsplatz mit sich bringt.
3. Es juckt mich in den Fingern, all meine neuen Ideen umzusetzen.
4. Bitte nehmen Sie mir das nicht übel, aber der lange Weg hält auch viel Medienrummel ab.
5. Ich weiß es zu schätzen, dass Sie sich die Zeit für unser Gespräch nehmen.
6. Erfolg ist etwas, wonach sich jeder Künstler sehnt.
7. Mein Problem ist es eher, Prioritäten zu setzen und mir Ruhephasen zu gönnen.
8. Ich weiß nicht, warum das so ist, es ist mir selbst ein Rätsel.
9. Ich stoße an Grenzen, die ich nicht akzeptieren will.
10. Das ist ein harter Kampf und kostet viel Kraft.
11. Das bin ich mir schuldig.
12. Man kann danach streben, aber man wird es wohl niemals erreichen.

D Auf der Reise

D1 Ein Wochenende in Zürich

▶ 19 **1 a) Hören Sie den Text einmal, dann lesen Sie die Fragen unten. Nun hören Sie den Text noch einmal. Notieren Sie die Antworten in Stichpunkten.**

1. Warum sind Charlotte und Ruiz später im Hotel angekommen? *(2 Antworten)*

   a) *Flugzeug hatte Verspätung / Verspätung Flugzeug*

   b) *mussten auf Gepäck warten / auf Gepäck gewartet*

2. Welche Formalitäten müssen Ruiz und Charlotte am Empfang erledigen? *(2 Antworten)*

   a) ______________________

   ____

   b) ______________________

3. Was möchte Ruiz im Hotel gern tun? *(2 Antworten)*

   a) ______________________

   b) ______________________

   ____

   ____

4. Wie kann sich Charlotte über Veranstaltungen informieren?

____

____

5. Worum muss sich Ruiz im Hotel keine Sorgen machen?

____

____

6. Wie weit ist die nächste Postbank vom Hotel entfernt?

____

____

7. Was befindet sich neben der Postbank?

____

8. Was bedeuten die Abkürzungen „OmU“ und „OoU“ im Kinoprogramm?

____

____

9. Was möchte sich Ruiz kaufen?

____

10. Was möchte Ruiz als Erstes unternehmen?

____

11. Was schlägt Charlotte als ersten Programmpunkt vor? *(2 Antworten)*

a) ____

b) ____

▶ 20 **1 b) Jetzt sind Sie dran. Hören Sie und wiederholen Sie.**

▶ 19 **1 a) Text**

Charlotte und Ruiz verbringen gemeinsam ein Wochenende in Zürich. Gerade sind sie vom Flughafen im Hotel angekommen. Die Rezeptionistin am Empfang erwartet sie bereits.

Charlotte: Guten Tag. Wir haben ein Doppelzimmer gebucht auf den Namen Borny.

Rezeptionistin: Ach ja, guten Tag. Herzlich willkommen! Wie war die Reise? Wir hatten Sie schon früher erwartet.

Ruiz: Unser Flugzeug hatte leider eine Stunde Verspätung und dann mussten wir auch noch ziemlich lang auf unser Gepäck warten.

Rezeptionistin: Das tut mir leid. Stellen Sie doch hier Ihre Koffer kurz ab, dann regeln wir schnell die Formalitäten. Anschließend können Sie gleich auf Ihr Zimmer gehen und sich von der langen Anreise erst einmal erholen. Dürfte ich Sie bitten, diesen Meldeschein kurz auszufüllen? Und einen Ausweis bräuchte ich auch noch von Ihnen.

Charlotte: Natürlich, bitte. Muss ich alles ausfüllen oder nur den Namen und die Anschrift?

Rezeptionistin: Name und Anschrift genügen vollkommen, und dann bräuchte ich hier unten noch eine Unterschrift. Vielen Dank. Hier ist Ihr Schlüssel. Ihr Zimmer befindet sich im 3. Stock. Ein Aufzug ist gleich hier um die Ecke. Die Frühstückszeiten sind von 7.30 Uhr bis 10.30 Uhr. Kann ich Ihnen sonst fürs Erste noch irgendwie behilflich sein? Brauchen Sie Hilfe mit Ihrem Gepäck?

Ruiz: Ach, nein danke. Unsere Sachen sind nicht so schwer. Aber ich wollte gern noch wissen, ob es im Hotel denn auch einen Wellnessbereich gibt? Oder so etwas wie ein Fitnessstudio?

Charlotte: Wie? Wir sind doch nicht nach Zürich gekommen, um zu saunieren und Krafttraining zu machen. Da hätten wir auch zu Hause bleiben können! Mich würde eher interessieren, ob es heute oder morgen eine interessante Ausstellung oder irgendein besonderes Konzert gibt, das wir nicht verpassen dürfen – wenn wir schon mal hier sind. Außerdem muss ich erst einmal eine Zahnbürste kaufen. Die habe ich nämlich bei dem ganzen Stress zu Hause vergessen.

Rezeptionistin: Also, den Wellness- und Fitnessbereich finden Sie im Untergeschoss. Geöffnet ist die Anlage von 7 Uhr bis 20 Uhr, am Mittwoch bis 22 Uhr. Wenn Sie eine unserer Massagebehandlungen in Anspruch nehmen wollen, müssten Sie das vorher bei uns am Empfang anmelden und wir vereinbaren dann einen Termin für Sie. Was das Kulturprogramm betrifft, informiere ich Sie gerne über aktuelle Veranstaltungen. Sie können sich aber auch selbst einen ersten Überblick verschaffen, sehen Sie sich doch mal das „Stadtmagazin" durch. Hier finden Sie nach Datum und Rubrik sortiert eine Auflistung aller Events in Zürich und in der näheren Umgebung. Wenn Sie dann noch konkrete Fragen haben oder wenn ich Ihnen bei einer Reservierung behilflich sein kann, können Sie gern jederzeit zu mir kommen.

Charlotte: Ach ja, super. Dann nehme ich erst einmal das Heftchen mit und schau, was so alles geboten wird. Ach, da fällt mir noch was anderes ein: Gibt es im Hotel WLAN?

Rezeptionistin: Gut, dass Sie mich daran erinnern. Hier ist das Passwort für Ihren Internet-Zugang.

Ruiz: Soll ich eigentlich meinen Laptop tagsüber, wenn wir nicht im Zimmer sind, besser im Safe einschließen oder sind die Wertsachen hier im Hotel sicher?

Rezeptionistin: Um Ihre Wertsachen müssen Sie sich hier in unserem Hotel keine Sorgen machen, aber jedes der Zimmer verfügt zu Ihrer Sicherheit auch über einen Safe, in dem Sie Ihre Wertsachen aufbewahren können.

Charlotte: Okay. Dann würde ich sagen, wir gehen erst einmal hoch.

Rezeptionistin: Guten Aufenthalt wünsche ich Ihnen!

Charlotte/Ruiz: Danke!

(eine halbe Stunde später)

Ruiz: Jetzt sind mir doch noch ein paar Sachen eingefallen. Als Erstes bräuchte ich einen Geldautomaten. Am besten eine Postbank. Ist hier eine in der Nähe?

Rezeptionistin: Ja, nicht weit von hier gibt es eine Postbank. Etwa fünf Gehminuten entfernt. Wenn Sie das Hotel verlassen, dann gehen Sie nach links und die nächste Seitenstraße noch einmal links. Folgen Sie der Straße bis zur Ecke, da ist eine Bäckerei. Hier biegen Sie noch einmal links ab, und schräg gegenüber, auf der anderen Straßenseite, ist gleich die Postbank. Daneben ist auch ein Drogeriemarkt, falls Ihnen noch etwas fehlen sollte.

Ruiz: Gut, ich glaube, das finde ich. Dann noch eine andere Sache: Im Kinoprogramm der Zeitung steht neben den Filmen in Klammern immer „OmU“ und „OoU“. Können Sie mir bitte sagen, was das bedeutet?

Rezeptionistin: Das sind die Abkürzungen für „Original mit Untertitel“ bzw. „Original ohne Untertitel“.

Ruiz: Ach so, ja klar. Und eine allerletzte Sache noch: Haben Sie einen Tipp, wo ich mir ein neues Ladekabel kaufen kann? Ich habe meins zu Hause vergessen und ohne mein Smartphone bin ich wirklich aufgeschmissen.

Rezeptionistin: Da sind Sie nicht der Einzige. Schauen Sie mal, wir haben hier einige zur Auswahl da. Vielleicht ist ja was Passendes für Sie dabei.

Charlotte: Ruiz, hast du schon wegen des Geldautomaten gefragt?

Ruiz: Ja, habe ich.

Charlotte: Und wegen der Theaterkarten?

Ruiz: Alles schon ausverkauft ...

Charlotte: Was? Echt?

Ruiz: Ne, ich habe noch gar nicht gefragt ... Aber ich habe echt keine Lust auf Theater. Lass uns doch einfach erst einmal um die Häuser ziehen und dann sehen wir weiter ...

Charlotte: Okay. Auf alle Fälle erst einmal die Beine vertreten und dann gemütlich was essen ...

D

1 a) Lösung

1. a) *Flugzeug hatte Verspätung / Verspätung Flugzeug*
   b) *mussten auf Gepäck warten / auf Gepäck gewartet*
2. a) *Meldeschein / Meldeschein ausfüllen*
   b) *Ausweis / Ausweis zeigen*
3. a) *saunieren / in die Sauna gehen*
   b) *Fitness / Kraftübungen / ins Fitnessstudio gehen / Krafttraining machen*
4. *das Stadtmagazin durchsehen / anschauen / lesen*
5. *um seine Wertsachen / um seinen Computer*
6. *ca. fünf Minuten zu Fuß / fünf Gehminuten / ungefähr fünf Minuten*
7. *ein Drogeriemarkt / eine Drogerie*
8. *Original mit Untertitel und Original ohne Untertitel*
9. *ein Ladekabel*
10. *um die Häuser ziehen*
11. a) *Beine vertreten / spazieren gehen*
    b) *essen / essen gehen*

▶ 20 1 b) Text

1. Wir haben ein Doppelzimmer gebucht auf den Namen Borny.
2. Unser Flugzeug hatte eine Stunde Verspätung.
3. Dann regeln wir schnell die Formalitäten.
4. Dürfte ich Sie bitten, das Formular auszufüllen?
5. Name und Anschrift genügen vollkommen.
6. Kann ich Ihnen sonst fürs Erste noch irgendwie behilflich sein?
7. Da hätten wir auch zu Hause bleiben können!
8. Wenn wir schon mal hier sind.
9. Wenn Sie eine Massagebehandlung in Anspruch nehmen wollen, müssten Sie das vorher anmelden.
10. Was das Kulturprogramm betrifft, informiere ich Sie gern!
11. Sie können sich aber auch selbst einen ersten Überblick verschaffen.
12. Ich schau mal, was so alles geboten wird.
13. Ohne mein Smartphone bin ich wirklich aufgeschmissen.
14. Vielleicht ist ja was Passendes für Sie dabei.
15. Lass uns erst einmal um die Häuser ziehen, dann sehen wir weiter.
16. Und dann gemütlich was essen.

D2 Die zwei Seiten Wiens

▶ 21 **2 a) Hören Sie den Text einmal, dann lesen Sie die Sätze unten. Nun hören Sie den Text noch einmal und kreuzen Sie an: Was ist richtig?**

1. Emilia und ihre Mutter fragen einen Passanten,

   ☒ was sie sich anschauen sollten, um Wien richtig zu erleben.
   ☐ was sie machen müssen, um ihn richtig zu beeindrucken.
   ☐ was sie tun sollen, um sich in der Stadt zurechtzufinden.

2. Emilias Mutter interessiert sich vor allem

   ☐ für die Geschichte Wiens in den einzelnen Jahrhunderten.
   ☐ für die Architektur der Gebäude aus den verschiedenen Jahrhunderten.
   ☐ für die Unterschiede der Gebäude.

3. Der Passant empfiehlt den beiden, die Straßenbahn zu nehmen,

   ☐ weil sie dabei viel sehen können.
   ☐ auch wenn sie dabei immer nur im Kreis fahren.
   ☐ obwohl sie da an den Gebäuden nur vorbeifahren.

4. Emilia möchte die Ringstraße nicht anschauen, weil

- ☐ jeder Tourist dort hinkommt.
- ☐ sie nur das Plakative einer Stadt mag.
- ☐ sie eine andere Seite der Stadt kennenlernen möchte.

5. Ein Flakturm ist eine Art Bunker,

- ☐ der nur so herumsteht.
- ☐ der als Kontrast zum Park gebaut wurde.
- ☐ der die Menschen im Krieg vor Bomben schützen sollte.

6. Das Kaffeehaus wurde Anfang des 20. Jahrhunderts genutzt,

- ☐ um sich aufzuwärmen.
- ☐ um Kaffee zu holen.
- ☐ um die Tradition zu erhalten.

7. Die Rooftop-Bar des „Sofitel“ Hotels in Wien ist

- ☐ eine lockere Bar.
- ☐ schlecht zu finden.
- ☐ immer gut besucht.

8. Emilia möchte

- ☐ sich bei dem Passanten für die tollen Tipps bedanken.
- ☐ mit dem Passanten Straßenbahn fahren.
- ☐ ein paar Jahre in Wien bleiben.

▶ 22 **2 b) Jetzt sind Sie dran. Hören Sie und wiederholen Sie.**

▶ 21 2 a) Text

Emilia und ihre Mutter verbringen zusammen ein paar Tage in Wien. Sie haben noch keine genaue Vorstellung davon, was genau sie sich ansehen möchten, und hoffen nun auf Tipps von Einheimischen. Deshalb wenden sie sich jetzt an einen Passanten.

Emilia: Entschuldigung, sind Sie von hier?

Passant: Ja, warum?

Emilia: Meine Mutter und ich sind ein paar Tage hier in Wien und bräuchten noch einen Insider-Tipp: Was sollten wir denn Ihrer Meinung nach unbedingt gesehen haben, um einen richtigen Eindruck von der Stadt zu bekommen?

Passant: Na ja, in Wien können Sie ein paar Jahre verbringen – und dennoch immer wieder etwas Neues entdecken. Geben Sie mir doch mal einen Anhaltspunkt: Was würde Sie denn interessieren? Architektur, Geschichte, Kultur, Lokale, Nachtleben …

Mutter: Geschichte! Und Architektur! Mich interessieren ja vor allem die unterschiedlichen Gebäude aus den verschiedenen Jahrhunderten.

Passant: Na gut, da gibt es so die üblichen Touristenattraktionen. Den Ring würde ich Ihnen da empfehlen. Setzen Sie sich einfach in die Tram Nummer 1 oder 2 und lassen Sie sich eine Weile immer im Kreis herumchauffieren, auf der sogenannten „Ringstraße". Da kommen Sie an den schönsten Gebäuden des Historismus vorbei: dem Rathaus, dem Burgtheater, dem Parlament, dem Kunsthistorischen und Naturhistorischen Museum …

Emilia: Ach nö, das macht doch jeder Tourist hier! Ich würde gern was ganz anderes sehen, was nicht jeder normale Tourist mitbekommt. Nicht immer nur das plakativ Schöne einer Stadt.

Passant: Na ja, um die hässliche Seite einer Stadt anzusehen, dafür nehmen tatsächlich die wenigsten Menschen eine lange Anreise auf sich. Eine hässliche Stadt haben viele ja selbst vor ihrer Haustür. Aber wenn Sie wirklich auf so was stehen: Ich habe von einer Freundin gehört, dass es seit Neuestem eine Führung durch die Stadt gibt, bei der man sich nur die scheußlichsten Gebäude ansieht. „Vienna Ugly Tour" oder so ähnlich heißt die. Da geht man zum Beispiel in den Augarten, einen eigentlich ganz schönen Park, in dessen Mitte ein riesiger Flakturm steht.

Emilia: Was ist denn ein Flakturm?

Passant: Das ist ein Turm in der Art eines Bunkers, der während des Zweiten Weltkrieges als Schutzraum genutzt und für Flugabwehrkanonen errichtet wurde. Und die stehen noch heute herum. Der Kontrast zwischen dem schön angelegten barocken Park und diesem riesigen Betonturm ist beeindruckend. Da haben Sie schon recht, das gehört auch zu Wien – ganz abseits der üblichen Habsburger Klischees.

Emilia: Toll, da gehen wir hin, oder, Mama?

Mutter:	Wenn du meinst ...
Passant:	Sie können ja anschließend Ihrer Mutter etwas entgegenkommen und sie dann in eines der typischen Wiener Kaffeehäuser ausführen ...
Emilia:	Mit Geigengedudel und Kellner in Livree oder wie?
Passant:	Auch davon gibt es in Wien eine eher touristische und eine authentischere Variante. Die Kaffeehauskultur ist in Wien durchaus noch immer sehr präsent, und zwar bei Jung und Alt. Das Kaffeehaus erfüllte für viele Anfang des 20. Jahrhunderts die Funktion eines gut geheizten Wohnzimmers. Man durfte sich, auch wenn man nur einen einzigen Kaffee bestellt hat, dort so lange aufhalten, wie man wollte, und niemand drängte darauf, dass man endlich zu gehen habe. So verbrachten viele den ganzen Tag dort, schrieben, lasen Zeitung, unterhielten sich. Bis heute ist diese Tradition erhalten geblieben. Gehen Sie doch mal in das Café „Korb". Da können Sie diese Gewohnheit sehr gut beobachten. Sie wollten doch die Menschen in Wien kennenlernen ... Und gute Mehlspeisen gibt es dort auch.
Mutter:	Was gibt es dort?
Passant:	Mehlspeisen, also süße Knödel oder Strudel, aber auch Kuchen und Torten.
Mutter:	Ach so, ja das hört sich doch wirklich gut an!
Passant:	Einen letzten Geheimtipp hätte ich da noch: Wien bei Nacht von oben. Es kommt in letzter Zeit immer mehr in Mode, Terrassen und Lokale auf den Dächern einzurichten, die sogenannten Skybars oder Rooftop-Bars, die man aber nicht immer so leicht findet. Eine Bar, die sehr frequentiert ist und auch eher zu der schickeren Sorte zählt, ist im „Sofitel"-Hotel. Von dort oben haben Sie einen wunderbaren Rundblick auf Wien. Etwas lockerer von der Atmosphäre her ist die Bar im „25hours"-Hotel. Da gibt es auch eine Terrasse, von der Sie direkt auf die Ringstraße schauen.
Emilia:	Schon wieder die Ringstraße. Der entgeht man hier wohl nicht ...
Passant:	Eher nicht. Das ist das Herz der Stadt. Und gehört auch zum UNESCO-Kulturerbe. Genauso wie die Kaffeehauskultur übrigens.
Mutter:	Also ich glaube, für heute haben wir schon mal ein sehr abwechslungsreiches Programm, oder was meinst du, Emilia?
Emilia:	Doch, ich glaube, da ist tatsächlich alles dabei. Und was machen wir dann morgen?
Passant:	Da gäbe es zum Beispiel noch den Prater, das Museumsquartier, den Donaukanal mit seinen Lokalen – und in die Oper müssten Sie eigentlich auch mal gehen, oder in ein Konzert, ...
Emilia:	Okay, okay. Ich sehe schon, wir sollten besser ein paar Jahre hierbleiben. Herzlichen Dank für die vielen tollen Tipps! Aber jetzt gehen wir mal los: Straßenbahn fahren.
Passant:	Dann viel Spaß!
Mutter/Emilia:	Danke!

2 a) Lösung

1. Emilia und ihre Mutter fragen einen Passanten,

- ☒ was sie sich anschauen sollten, um Wien richtig zu erleben.
- ☐ was sie machen müssen, um ihn richtig zu beeindrucken.
- ☐ was sie tun sollen, um sich in der Stadt zurechtzufinden.

2. Emilias Mutter interessiert sich vor allem

- ☐ für die Geschichte Wiens in den einzelnen Jahrhunderten.
- ☒ für die Architektur der Gebäude aus den verschiedenen Jahrhunderten.
- ☐ für die Unterschiede der Gebäude.

3. Der Passant empfiehlt den beiden, die Straßenbahn zu nehmen,

- ☒ weil sie dabei viel sehen können.
- ☐ auch wenn sie dabei immer nur im Kreis fahren.
- ☐ obwohl sie da an den Gebäuden nur vorbeifahren.

4. Emilia möchte die Ringstraße nicht anschauen, weil

- ☐ jeder Tourist dort hinkommt.
- ☐ sie nur das Plakative einer Stadt mag.
- ☒ sie eine andere Seite der Stadt kennenlernen möchte.

5. Ein Flakturm ist eine Art Bunker,

- ☐ der nur so herumsteht.
- ☐ der als Kontrast zum Park gebaut wurde.
- ☒ der die Menschen im Krieg vor Bomben schützen sollte.

6. Das Kaffeehaus wurde Anfang des 20. Jahrhunderts genutzt,

- ☒ um sich aufzuwärmen.
- ☐ um Kaffee zu holen.
- ☐ um die Tradition zu erhalten.

7. Die Rooftop-Bar des „Sofitel"-Hotels in Wien ist

   - [ ] eine lockere Bar.
   - [ ] schlecht zu finden.
   - [x] immer gut besucht.

8. Emilia möchte

   - [x] sich bei dem Passanten für die tollen Tipps bedanken.
   - [ ] mit dem Passanten Straßenbahn fahren.
   - [ ] ein paar Jahre in Wien bleiben.

▶ 22 **2 b) Text**

1. Ich würde gern was anderes sehen, etwas, was nicht jeder mitbekommt. Nicht nur das plakativ Schöne einer Stadt.
2. Aber wenn Sie wirklich auf so was stehen.
3. Das gehört auch zu Wien – ganz abseits der üblichen Klischees.
4. Sie können ja Ihrer Mutter entgegenkommen und sie anschließend in ein Kaffeehaus ausführen.
5. Die Kaffeehauskultur ist durchaus noch immer präsent, und zwar bei Jung und Alt.
6. Man konnte sich dort so lange aufhalten, wie man wollte, und niemand drängte darauf, dass man zu gehen habe.
7. Bis heute ist die Tradition erhalten geblieben.
8. Einen letzten Geheimtipp hätte ich da noch.
9. Eine Bar, die sehr frequentiert ist und auch eher zu der schickeren Sorte zählt.
10. Etwas lockerer von der Atmosphäre her ist das „25 hours"-Hotel.
11. Der entgeht man hier wohl nicht!
12. Für heute haben wir schon mal ein sehr abwechslungsreiches Programm.
13. Danke für die vielen tollen Tipps!

D3 Sicherheitstraining für Reisende

▶ 23 **3 a) Hören Sie den Text einmal und kreuzen Sie an: Was ist richtig, was ist falsch?**

	richtig	falsch
1. An dem Seminar „Sicherheitstraining für Auslandsreisen“ an der Handelskammer Hannover können ausnahmsweise auch Geschäftsleute teilnehmen.	☐	☒
2. Es gibt viele Berufsgruppen, die unter schwierigen Bedingungen in risikoreichen Gebieten arbeiten müssen.	☐	☐
3. Die Seminarleiter arbeiten für Spezialeinheiten und Sicherheitsbehörden in internationalen Krisengebieten.	☐	☐
4. Ahnungslos und naiv auf eine Auslandsreise zu gehen, ist die beste Voraussetzung, dass sie erfolgreich wird.	☐	☐
5. Viele Reisende können die Umstände, die ihnen im fremden Land begegnen, nicht realistisch einschätzen.	☐	☐

	richtig	falsch
6. Die größten Chancen für wirtschaftliches Wachstum sehen viele Unternehmen in den reichen Regionen der Welt.	☐	☐
7. Kriege, politische Unruhen, Kriminalität, Naturkatastrophen und gesundheitliche Risiken sollten Reisende davon abhalten, diese Regionen zu besuchen.	☐	☐
8. Es ist für viele Reisende normal, dass ihre Körpersprache in dem ungewohnten Umfeld Unsicherheit und Angst ausdrückt.	☐	☐
9. Das Seminar möchte die Teilnehmer auf mögliche Gefahren vorbereiten und verhindern, dass sie durch negative Erfahrungen posttraumatische Belastungsstörungen erleiden.	☐	☐
10. Gesundheitliche Vorsorge, ausreichend viele Versicherungen und interkulturelles Training sind genügend Maßnahmen, um sicher zu reisen.	☐	☐
11. Man sollte sich gut auf die Umgebung vorbereiten und alle möglichen Informationen einholen, bis hin zu wichtigen Telefonnummern.	☐	☐
12. Das Seminar schult die Teilnehmer darin, wie man Rollenspiele macht.	☐	☐
13. In gefährlichen Situationen muss man die Körpersprache der Täter kontrollieren können.	☐	☐
14. Eine Reise ins Ausland ist eigentlich eine wunderbare Möglichkeit, anderen Kulturen und Menschen zu begegnen.	☐	☐

▶ 23 **3 b) Hören Sie den Text von 3 a) noch einmal und ergänzen Sie die fehlenden Wörter.**

Die Handelskammer in Hannover hat zu einem Seminar „Sicherheitstraining bei Auslandsreisen“ eingeladen, das sich hauptsächlich an Geschäftsreisende und Mitarbeiter von Nichtregierungsorganisationen richtet. Aber auch interessierte Privatreisende können daran teilnehmen. Der Vorsitzende der Handelskammer spricht die einleitenden Worte zu diesem Seminarwochenende.

Meine Damen und Herren,

ich darf Sie an diesem Wochenende zu einem ganz besonderen Seminar begrüßen. „Besonders“, weil wir uns für diesen Anlass ausnahmsweise einem breiteren Publikum geöffnet haben. Aus den Anmeldungen ist ________________, dass sich unter Ihnen nicht nur Geschäftsleute befinden, deren Unternehmen intensive Auslandskontakte mit ________________________ pflegen, sondern auch Journalisten und ________________________________, Ärzte und Pflegepersonal von Hilfsorganisationen, Mitarbeiter von Nichtregierungsorganisationen, aber auch Privatreisende, die die Bahnen des üblichen Tourismus verlassen wollen und sich darauf vorbereiten bzw. sich ________ __________ möchten.
„Besonders“ aber auch, weil wir für die verschiedenen Veranstaltungen und Vorträge Seminarleiter gewinnen konnten, die ein __________ ______________ an verschiedensten Themen zur persönlichen Sicherheit ______________ werden. Alle orientieren sich an den neuesten wissenschaftlichen Erkenntnissen zu Stressforschung, ____________________________________ und Analysen zu ____________________ ____________________. Wir konnten ehemalige Angehörige von Spezialeinheiten und ____________________________ gewinnen, die langjährige Praxiserfahrung aus internationalen Krisengebieten mitbringen. Allein die Tatsache, dass Sie nun hier vor mir sitzen, zeigt, wie ernsthaft und professionell Sie sich mit den Aufgaben, die vor Ihnen liegen, auseinandersetzen. Das spricht für Sie, denn ________________________ und ____________ im Reisegepäck zu haben,

lässt einen katastrophalen Ausgang Ihrer Auslandsreise wahrscheinlicher werden. Häufig werden die ______________________________, die ein bis dahin fremder Kulturkreis mit sich bringt, ______________________. Nicht selten ist es heiß, es ist laut, es fehlt an öffentlicher Infrastruktur, und die staatlichen Behörden arbeiten anders, als man es aus seinem ________________________ gewohnt ist. Menschen bieten ihre Dienste an, von denen man nicht weiß, ob man sie annehmen sollte oder nicht. Und nicht zuletzt beeinträchtigt der Jetlag massiv die __________________________________.

Viele europäische Unternehmen sehen gerade in den risikoreichen Regionen der Welt ______________________________. Dort aber herrschen mitunter politische Unruhen, Terror, ______________________ oder anderweitige kriegerische ____________________________________. Kriminalität wie Diebstahl, Raub, __________________ und Carjacking kommen häufig vor, oder es gibt Naturkatastrophen wie ________________________________, Erdbeben, Vulkanausbrüche, Tsunamis. Die Liste ist lang, dabei sind die gesundheitlichen Risiken noch gar nicht angesprochen. Wie kann sich ein Reisender, der in einem ___________ aufgewachsen ist und gelebt hat, das ____________________ zuverlässig funktioniert und ein Gefühl von Sicherheit vermittelt, nach einigen Stunden Flug plötzlich in einer Welt zurechtfinden, deren Spielregeln völlig andere sind? Manch einer wäre nach seiner Ankunft wohl gerne durch Harry Potters Tarnumhang __________________ geworden, anstatt durch Mimik, Gestik und Benehmen seine Unsicherheit und Angst zu dokumentieren. Doch gerade durch die ______________________, die man _________________, gerät man möglicherweise in Gefahr, Opfer einer Straftat zu werden.

Ziel unseres Seminars ist es, Sie auf mögliche Gefahren aufmerksam zu machen, Ihnen Anleitungen an die Hand zu geben, wie man Risiken erkennt, mit ihnen umgeht und auch in __________________ _____________________ nicht den Kopf verliert und ______________ ___________.

D

Es sollte unbedingt vermieden werden, dass das „Souvenir" Ihrer Reise aus einer ______ ______ besteht, die sich in Schlaflosigkeit, ______, Nervosität oder Panikattacken äußern kann.

Jede Reise beginnt mit ______ und intensiver Vorbereitung. Dazu gehört selbstverständlich die ______ mit allen notwendigen Impfungen und der ______ mit Medikamenten, die im Zielland womöglich schwer zu ______ sind. Auch ein entsprechendes Versicherungskonzept ist unabdingbar. Am besten eignen sich dafür internationale ______, die mitunter sogar ______ für Erpressung und Entführung anbieten.

Interkulturelles Training fördert den realistischen Blick auf den ______, in dem man sich bewegen wird, und lässt den Reisenden einen ______ durchlaufen, der die ______ für alles Weitere ist.

Darüber hinaus sind zuverlässige Informationen über die Logistik des Zielortes dringend notwendig: Wie erkenne ich ______ Taxis? Wie wähle ich ein sicheres Hotel? In welchen Stadtbezirken kann ich mich ______ bewegen, welche sollte ich lieber meiden? Wo befindet sich ein guter Arzt oder ein gutes Krankenhaus? Wie ernähre ich mich richtig und ______? Wie gehe ich mit meinen ______ um? Und besonders wichtig in unserem digitalen Zeitalter: Wie sichere ich meine Daten gegen ______?

Oftmals kann größerer Schaden allein dadurch ______ werden, dass man schnell die richtigen Telefonnummern zur Hand hat.

Trotz aller vorausschauenden Maßnahmen können im Alltag dennoch schwierige Situationen ______. Ein Schwerpunkt unseres Seminars ist es deshalb,

__________ __________ als solche zu erkennen und korrekt einzuschätzen. Auch sollte der Betroffene fähig sein, effektiv und __________ zu kommunizieren. Wir wollen Ihnen zeigen, wie Sie Techniken des __________ erlernen, die Ihr Selbstbewusstsein stärken und Sie __________, im Ernstfall die richtige Entscheidung treffen zu können.

Das ist sicherlich nicht leicht, aber hier werden Sie durch Rollenspiele unterstützt, die Sie die Situation körperlich erfahren lassen und Ihnen bewusst machen, wie __________ häufig vermeintliche Kleinigkeiten darüber entscheiden, ob sich die Situation für Sie positiv oder negativ entwickelt.

An dieser Stelle spielen psychologische Faktoren eine entscheidende Rolle. Körpersprache deuten zu können und sich selbst so weit unter Kontrolle zu haben, dass die eigene Körpersprache die gewünschten Signale gibt, muss erlernt und trainiert werden. Interessant ist in diesem Zusammenhang die Analyse möglicher Täter-Opfer-Beziehungen.

Nun übergebe ich Sie aber endlich der kompetenten Führung durch unsere Seminarleiter. Im Vorfeld hatten Sie sich je nach __________ in die verschiedenen Trainingsseminare und Vorträge eingetragen und mir bleibt an dieser Stelle nur noch, Ihnen ein anregendes Wochenende zu wünschen, aus dem Sie viele wertvolle Tipps und Anregungen mitnehmen können, mit dem Ziel, Ihre zukünftigen Auslandserfahrungen zu dem werden zu lassen, was Sie eigentlich sind: eine wertvolle Chance, andere Kulturen und Menschen kennenzulernen.

▶ 24 **3 c) Jetzt sind Sie dran. Hören Sie und wiederholen Sie.**

3 a) Lösung

	richtig	falsch
1. An dem Seminar „Sicherheitstraining für Auslandsreisen" an der Handelskammer Hannover können ausnahmsweise auch Geschäftsleute teilnehmen.	☐	☒
2. Es gibt viele Berufsgruppen, die unter schwierigen Bedingungen in risikoreichen Gebieten arbeiten müssen.	☒	☐
3. Die Seminarleiter arbeiten für Spezialeinheiten und Sicherheitsbehörden in internationalen Krisengebieten.	☒	☐
4. Ahnungslos und naiv auf eine Auslandsreise zu gehen, ist die beste Voraussetzung, dass sie erfolgreich wird.	☐	☒
5. Viele Reisende können die Umstände, die ihnen im fremden Land begegnen, nicht realistisch einschätzen.	☒	☐
6. Die größten Chancen für wirtschaftliches Wachstum sehen viele Unternehmen in den reichen Regionen der Welt.	☐	☒
7. Kriege, politische Unruhen, Kriminalität, Naturkatastrophen und gesundheitliche Risiken sollten Reisende davon abhalten, diese Regionen zu besuchen.	☐	☒
8. Es ist für viele Reisende normal, dass ihre Körpersprache in dem ungewohnten Umfeld Unsicherheit und Angst ausdrückt.	☒	☐
9. Das Seminar möchte die Teilnehmer auf mögliche Gefahren vorbereiten und verhindern, dass sie durch negative Erfahrungen posttraumatische Belastungsstörungen erleiden.	☒	☐
10. Gesundheitliche Vorsorge, ausreichend viele Versicherungen und interkulturelles Training sind genügend Maßnahmen, um sicher zu reisen.	☐	☒
11. Man sollte sich gut auf die Umgebung vorbereiten und alle möglichen Informationen einholen, bis hin zu wichtigen Telefonnummern.	☒	☐
12. Das Seminar schult die Teilnehmer darin, wie man Rollenspiele macht.	☐	☒
13. In gefährlichen Situationen muss man die Körpersprache der Täter kontrollieren können.	☐	☒
14. Eine Reise ins Ausland ist eigentlich eine wunderbare Möglichkeit, anderen Kulturen und Menschen zu begegnen.	☒	☐

▶ 23 **3 a) Text und b) Text und Lösung**

... „Besonders", weil wir uns für diesen *Anlass* ausnahmsweise einem breiteren Publikum geöffnet haben. Aus den Anmeldungen ist *ersichtlich*, dass sich unter Ihnen nicht nur Geschäftsleute befinden, deren Unternehmen intensive Auslandskontakte mit *Schwellenländern* pflegen, sondern auch Journalisten und *Auslandskorrespondenten*, Ärzte und Pflegepersonal von Hilfsorganisationen, Mitarbeiter von Nichtregierungsorganisationen, aber auch Privatreisende, die die Bahnen des üblichen Tourismus verlassen wollen und sich darauf vorbereiten bzw. sich *dafür rüsten* möchten. „Besonders" aber auch, weil wir für die verschiedenen Veranstaltungen und Vorträge Seminarleiter gewinnen konnten, die ein *breites Spektrum* an verschiedensten Themen zur persönlichen Sicherheit *abdecken* werden. Alle orientieren sich an den neuesten wissenschaftlichen Erkenntnissen zu Stressforschung, *Wahrnehmungspsychologie* und Analysen zu *gegenwärtigen Tätertaktiken*. Wir konnten ehemalige Angehörige von Spezialeinheiten und *Sicherheitsbehörden* gewinnen, die langjährige Praxiserfahrung aus internationalen Krisengebieten mitbringen. Allein die Tatsache, dass Sie nun hier vor mir sitzen, zeigt, wie ernsthaft und professionell Sie sich mit den Aufgaben, die vor Ihnen liegen, auseinandersetzen. Das spricht für Sie, denn *Ahnungslosigkeit* und *Naivität* im Reisegepäck zu haben, lässt einen katastrophalen Ausgang Ihrer Auslandsreise wahrscheinlicher werden. Häufig werden die *Herausforderungen*, die ein bis dahin fremder Kulturkreis mit sich bringt, *unterschätzt*. Nicht selten ist es heiß, es ist laut, es fehlt an öffentlicher Infrastruktur, und die staatlichen Behörden arbeiten anders, als man es aus seinem *Herkunftsland* gewohnt ist. Menschen bieten ihre Dienste an, von denen man nicht weiß, ob man sie annehmen sollte oder nicht. Und nicht zuletzt beeinträchtigt der Jetlag massiv die *Wahrnehmungsfähigkeit*.
Viele europäische Unternehmen sehen gerade in den risikoreichen Regionen der Welt *Wachstumschancen*. Dort aber herrschen mitunter politische Unruhen, Terror, *Bürgerkriege* oder anderweitige kriegerische *Auseinandersetzungen*. Kriminalität wie Diebstahl, Raub, *Entführung* und Carjacking kommen häufig vor, oder es gibt Naturkatastrophen wie *Überschwemmungen*, Erdbeben, Vulkanausbrüche, Tsunamis. Die Liste ist lang, dabei sind die gesundheitlichen Risiken noch gar nicht angesprochen. Wie kann sich ein Reisender, der in einem *Umfeld* aufgewachsen ist und gelebt hat, das *weitgehend* zuverlässig funktioniert und ein Gefühl von Sicherheit vermittelt, nach einigen Stunden Flug plötzlich in einer Welt zurechtfinden, deren Spielregeln völlig andere sind? Manch einer wäre nach seiner Ankunft wohl gerne durch Harry Potters Tarnumhang *unsichtbar* geworden, anstatt durch Mimik, Gestik und Benehmen seine Unsicherheit und Angst zu dokumentieren. Doch gerade durch die *Unsicherheit*, die man *ausstrahlt*, gerät man möglicherweise in Gefahr, Opfer einer Straftat zu werden. Ziel unseres Seminars ist es, Sie auf mögliche Gefahren aufmerksam zu machen, Ihnen Anleitungen an die Hand zu geben, wie man Risiken erkennt, mit ihnen umgeht und auch in *brenzligen Situationen* nicht den Kopf verliert und *gelassen bleibt*.

Es sollte unbedingt vermieden werden, dass das „Souvenir" Ihrer Reise aus einer *posttraumatischen Belastungsstörung* besteht, die sich in Schlaflosigkeit, *Albträumen*, Nervosität oder Panikattacken äußern kann. Jede Reise beginnt mit *sorgfältiger* und intensiver Vorbereitung. Dazu gehört selbstverständlich die *Gesundheitsvorsorge* mit allen notwendigen Impfungen und der *Ausstattung* mit Medikamenten, die im Zielland womöglich schwer zu *beschaffen* sind.
Auch ein entsprechendes Versicherungskonzept ist unabdingbar. Am besten eignen sich dafür internationale *Versicherungsunternehmen*, die mitunter sogar *Absicherungsmöglichkeiten* für Erpressung und Entführung anbieten.
Interkulturelles Training fördert den realistischen Blick auf den *Kulturkreis*, in dem man sich bewegen wird, und lässt den Reisenden einen *Bewusstwerdungsprozess* durchlaufen, der die *Grundvoraussetzung* für alles Weitere ist.
Darüber hinaus sind zuverlässige Informationen über die Logistik des Zielortes dringend notwendig: Wie erkenne ich *vertrauenswürdige* Taxis? Wie wähle ich ein sicheres Hotel? In welchen Stadtbezirken kann ich mich *bedenkenlos* bewegen, welche sollte ich lieber meiden? Wo befindet sich ein guter Arzt oder ein gutes Krankenhaus? Wie ernähre ich mich richtig und *gefahrlos*? Wie gehe ich mit meinen *Wertsachen* um? Und besonders wichtig in unserem digitalen Zeitalter: Wie sichere ich meine Daten gegen *Diebstahl*? Oftmals kann größerer Schaden allein dadurch *abgewendet* werden, dass man schnell die richtigen Telefonnummern zur Hand hat.
Trotz aller vorausschauenden Maßnahmen können im Alltag dennoch schwierige Situationen *auftauchen*. Ein Schwerpunkt unseres Seminars ist es deshalb, *bedrohliche Szenarien* als solche zu erkennen und korrekt einzuschätzen. Auch sollte der Betroffene fähig sein, effektiv und *deeskalierend* zu kommunizieren.
Wir wollen Ihnen zeigen, wie Sie Techniken des *Selbstschutzes* erlernen, die Ihr Selbstbewusstsein stärken und Sie *befähigen*, im Ernstfall die richtige Entscheidung treffen zu können. Das ist sicherlich nicht leicht, aber hier werden Sie durch Rollenspiele unterstützt, die Sie die Situation körperlich erfahren lassen und Ihnen bewusst machen, wie *ausschlaggebend* häufig vermeintliche Kleinigkeiten darüber entscheiden, ob sich die Situation für Sie positiv oder negativ entwickelt.
An dieser Stelle spielen psychologische Faktoren eine entscheidende Rolle. Körpersprache deuten zu können und sich selbst so weit unter Kontrolle zu haben, dass die eigene Körpersprache die gewünschten Signale gibt, muss erlernt und trainiert werden. Interessant ist in diesem Zusammenhang die Analyse möglicher Täter-Opfer-Beziehungen.
Nun übergebe ich Sie aber endlich der kompetenten Führung durch unsere Seminarleiter. Im Vorfeld hatten Sie sich je nach *Schwerpunkt* in die verschiedenen Trainingsseminare und Vorträge eingetragen und mir bleibt an dieser Stelle nur noch, Ihnen ein anregendes Wochenende zu wünschen, aus dem Sie viele wertvolle Tipps und Anregungen mitnehmen können, mit dem Ziel, Ihre zukünftigen Auslandserfahrungen zu dem werden zu lassen, was sie eigentlich sind: eine wertvolle Chance, andere Kulturen und Menschen kennenzulernen.

▶ 24 **3 c) Text**

1. Unter den Seminarteilnehmern befinden sich viele Geschäftsleute, deren Unternehmen intensive Auslandskontakte mit Schwellenländern pflegen.
2. Es gibt auch viele Privatreisende, die außerhalb der Bahnen des üblichen Tourismus reisen und sich dafür rüsten wollen.
3. Die Seminarleiter decken ein breites Spektrum an Themen zur persönlichen Sicherheit ab.
4. Außerdem arbeiten sie nach den neuesten wissenschaftlichen Erkenntnissen zu Stressforschung, Wahrnehmungspsychologie und Analysen gegenwärtiger Tätertaktiken.
5. Gerade, wenn man aus einem weitgehend sicheren Herkunftsland kommt, unterschätzt man leicht die Herausforderungen, die ein fremder Kulturkreis mit sich bringt.
6. Viele europäische Länder sehen gerade in den risikoreichen Regionen der Welt Wachstumschancen.
7. Ein Reisender, der Unsicherheit und Angst ausstrahlt, gerät möglicherweise in Gefahr, Opfer einer Straftat zu werden.
8. Durch das Seminar werden Reisende geschult, auch in brenzligen Situationen nicht den Kopf zu verlieren und gelassen zu bleiben.
9. Posttraumatische Belastungsstörungen äußern sich in Schlaflosigkeit, Albträumen, Nervosität und Panikattacken.
10. Interkulturelles Training lässt Reisende einen Bewusstwerdungsprozess durchlaufen und fördert den realistischen Blick auf den Kulturkreis, in dem man sich bewegen wird.
11. Ein Schwerpunkt des Seminars ist es, bedrohliche Szenarien als solche zu erkennen und korrekt einzuschätzen.
12. Der Betroffene sollte fähig sein, effektiv und deeskalierend zu kommunizieren.
13. Auch sollten Reisende Techniken des Selbstschutzes erlernen, die das Selbstbewusstsein stärken und sie befähigen, im Ernstfall die richtige Entscheidung treffen zu können.
14. Man muss lernen, Körpersprache richtig deuten zu können und sich selbst so weit unter Kontrolle zu haben, dass die eigene Körpersprache die gewünschten Signale gibt.

E Technisierung

E1 Die neueste Entwicklung

▶ 25 **1 a) Hören Sie den Text einmal, dann hören Sie noch einmal und kreuzen Sie an: Wer sagt was?**

1. Der Sohn des Kunden

   ☐ möchte ein Smartphone, ein Tablet oder einen E-Book-Reader.
   ☐ hat auf der letzten Computermesse Smartbrillen gesehen und wünscht sich eine zum Geburtstag.
   ☒ liebt jede neue Technik, weshalb sein Vater ihm zum Geburtstag gern eine wirkliche Neuheit schenken würde.

2. Eine Smartbrille ist eine Datenbrille,

   ☐ die viele Informationen vom Smartphone direkt ins Blickfeld übermittelt.
   ☐ über die der Benutzer auch ohne das Smartphone alle wichtigen Nachrichten erhält.
   ☐ mit der man E-Mails lesen, aber nicht telefonieren kann.

3. Die Schrift in der Datenbrille ist oberhalb des Sichtfelds,

   ☐ was der Träger der Brille als störend empfindet.
   ☐ weshalb man die Information zwar wahrnimmt, sie aber nicht stört.
   ☐ und sie sagt einem, wann man das Smartphone zur Hand nehmen sollte.

4. Die Navigation der Smartbrille funktioniert

- ☐ in allen Sprachen der Welt.
- ☐ bis jetzt nur auf Englisch.
- ☐ noch nicht über Sprachsteuerung, aber daran wird gearbeitet.

5. Wenn man mit der Smartbrille gerade nicht sprechen kann,

- ☐ kann man nur noch ein Programm im Menü benutzen, meist die Wegbeschreibung.
- ☐ kann man auf dem Touchpad des Smartphones navigieren.
- ☐ lässt sie sich durch Kopfbewegung oder Berühren steuern.

6. Mit einer Smartuhr

- ☐ kann man E-Mails, Tweets oder Nachrichten empfangen.
- ☐ kann man telefonieren.
- ☐ braucht man kein Smartphone mehr.

7. Das Modell „Smartwear“ ist

- ☐ so wasserdicht, dass man mit ihm sogar tauchen kann.
- ☐ sehr groß und schwer.
- ☐ fast nicht größer als eine normale Armbanduhr.

8. Die Verbindung zwischen Smartphone und Smartuhr funktioniert über Bluetooth, weshalb

- ☐ der Akku sehr lange hält.
- ☐ der Akku nach 24 Stunden wieder geladen werden muss.
- ☐ ein Vibrationsalarm anzeigt, wann der Akku leer ist.

9. Das Modell BC-39

- ☐ kostet nicht viel.
- ☐ zeigt nur Anrufe und SMS-Nachrichten.
- ☐ informiert über Anrufe, Textnachrichten und kann das Smartphone finden.

10. Der Kunde

- ☐ ist völlig begeistert von den neuen technischen Möglichkeiten.
- ☐ möchte sofort eine Smartuhr für seinen Sohn kaufen.
- ☐ möchte zusammen mit seinem Sohn noch einmal wiederkommen.

▶ 26 **1 b) Jetzt sind Sie dran. Ergänzen Sie die Antworten, dann hören Sie die Fragen und antworten Sie möglichst frei.**

1. Was ist eine Smartbrille?

   Das ist eine D*atenbrille*, k________________ mit einem Smartphone.

2. Wo sieht man die Informationen vom Smartphone auf der Brille?

   Die Sch______ befindet sich ob_________ des S_______________.

3. Warum kann man nicht einfach das Smartphone aus der Tasche nehmen und darauf schauen?

   Es gibt viele Situationen im A________, in denen es un____________ wäre, auf das Smartphone zu sehen.

4. Wie funktioniert die Navigation mit einer Smartbrille?

   Man kann mit der S________________________ na______________.

5. Was macht man, wenn man nicht sprechen kann, zum Beispiel in einer Bibliothek?

   Man kann per K____________________ oder durch B___________ des Touchpads am rechten Bügel ein Programm im Menü aus___________.

6. Warum überzeugt Sie die Wegbeschreibung so?

   Das virtuelle Bild der aktuellen U_____________ wird so pr_____________, dass der P______ immer in die Richtung zeigt, in die Sie gehen müssen.

7. Wie kann ich Informationen auf meiner Smartuhr empfangen?

   Sie wählen einfach die D_______ auf Ihrem Telefon aus, die Sie immer g________________ haben wollen.

8. Wie groß und schwer ist das Modell „Smartwear“?

   Es hat eine A__________ von 36 mal 36 Millimetern und w______ knapp 16 Gramm.

9. Ist das Modell wasserdicht?

   Es ist auf jeden Fall gegen Wasser____________ ge____________.

10. Wie lange hält der Akku?

    Das ist bei diesem Modell eine Sc________________, denn er hält nur 24 Stunden.

11. Was kann dieses Modell, das wenig Akku verbraucht?

    Es hat eine Anzeige für A________ und SMS-Nachrichten, und Sie können Ihr Smartphone finden, wenn Sie es v_________ haben.

12. Ist bei diesen Geräten etwas für den Sohn des Kunden dabei?

    Es f______ ihm schwer, ohne seinen Sohn eine E________________ zu t_________.

▶ 25 **1 a) Text**

Ein älterer Herr wendet sich in einem großen Fachgeschäft für Elektronik an eine Verkäuferin.

Kunde: Entschuldigen Sie bitte, können Sie mir vielleicht helfen?
Verkäuferin: Gern, was kann ich für Sie tun?
Kunde: Ich wollte mich einmal informieren, was es für Neuigkeiten auf dem Markt gibt. Mein Sohn ist ein absoluter Technik-Freak und ich würde ihn gern zum Geburtstag mit etwas überraschen, was er noch nicht hat.
Verkäuferin: Das heißt, Smartphone, Tablet, E-Book-Reader etc. hat er alles schon?
Kunde: Richtig. Ich habe in einem Bericht über die letzte Computermesse von solchen Brillen gehört – könnten Sie mir darüber etwas erzählen?
Verkäuferin: Sie meinen Smartbrillen?
Kunde: Ja, so heißen die wohl. Wie genau funktioniert denn so etwas?
Verkäuferin: Das ist eine Datenbrille, kompatibel mit Ihrem Smartphone. Wenn Sie die Brille tragen, bekommen Sie viele zusätzliche Informationen, ohne die Hände benutzen zu müssen. Wenn Sie irgendwelche Nachrichten erhalten, E-Mails, Anrufe, Textnachrichten, oder wissen wollen, wie das Wetter wird, haben Sie das sofort in Ihrem Blickfeld.
Kunde: Das muss doch unangenehm und störend sein!
Verkäuferin: Nein, denn die Schrift befindet sich nicht direkt im Sichtfeld, sondern oberhalb davon. Sie nehmen es also wahr, aber es stört nicht.
Kunde: Aber braucht man das wirklich? Ich kann doch einfach mein Smartphone aus der Tasche nehmen und draufschauen, wenn ich neue Nachrichten lesen möchte!
Verkäuferin: Im Prinzip ist das natürlich richtig, trotzdem gibt es sehr viele Situationen im Alltag, in denen es sehr unhöflich wäre, auf das Smartphone zu sehen. Oder Sie haben keine Hand frei und können es nicht aus der Tasche holen. Warten Sie, ich zeige es Ihnen einmal, dann können Sie selbst beurteilen, ob Sie es als störend empfinden würden ... So, hier – setzen Sie doch mal dieses Modell auf.
Kunde: Na ja, es sieht schon anders aus als eine normale Brille! Aber ich muss Ihnen zustimmen, die Anzeige stört nicht. Und wie kann man navigieren?
Verkäuferin: Hauptsächlich mit Sprachsteuerung, momentan noch auf Englisch. Die Entwicklung geht jedoch immer weiter und wird bald alle Sprachen umfassen. Man spricht einfach mit der Brille und sagt ihr, dass sie etwas fotografieren, ein Taxi rufen, etwas übersetzen, etwas in Facebook posten, eine Telefonnummer suchen, eine Nachricht an die Schwester senden oder die Lebensdaten von Mozart suchen soll! Was immer Sie wollen ...
Kunde: Unglaublich. Und wenn ich nicht sprechen kann, zum Beispiel im Lesesaal einer Bibliothek?

Verkäuferin: Dann können Sie per Kopfbewegung oder durch Berühren des Touchpads am rechten Bügel ein Programm im Menü auswählen. Was mich am meisten überzeugt, ist die Wegbeschreibung. Sie suchen etwas, und das virtuelle Bild der aktuellen Umgebung wird so projiziert, dass der Pfeil immer in die Richtung zeigt, in die Sie gehen oder fahren müssen.

Kunde: Jetzt ist mir klar, warum in Fachzeitschriften immer von der „erweiterten Realität" gesprochen wird … Aber ich denke, Preise erwähnen wir jetzt erst gar nicht, denn meine Vorstellungen von einem Geburtstagsgeschenk übersteigt das Ganze weit!

Verkäuferin: Das kann ich verstehen. Soll ich Ihnen denn vielleicht mal eine dieser neuen Smartuhren zeigen?

Kunde: Oh ja, sehr gern.

Verkäuferin: Hier haben Sie auch den Effekt, Ihr Smartphone nicht aus der Tasche nehmen zu müssen, um zu kommunizieren – beziehungsweise in erster Linie, um Nachrichten zu empfangen. Sie wählen einfach die Daten auf Ihrem Telefon aus, die Sie immer griffbereit haben wollen. Das können E-Mails sein, Tweets, Nachrichten oder was auch immer sie sofort nach Erhalt lesen wollen. Einfach einmal diskret auf die Uhr geschaut, und schon sind Sie informiert.

Kunde: Könnten Sie mir auch hiervon einmal ein Exemplar zeigen?

Verkäuferin: Sehr gern. Sie sehen, sie ist kaum größer als eine normale, sportliche Armbanduhr. Dieses Modell „Smartwear" beispielsweise hat eine Anzeige von 36 mal 36 Millimetern und wiegt ohne Armband knapp 16 Gramm.

Kunde: Ist sie denn auch wasserdicht? Das ist ja bei Uhren immer wichtig.

Verkäuferin: Zum Tauchen würde ich sie jetzt nicht mitnehmen, aber ein paar Wasserspritzer machen ihr auf jeden Fall nichts aus.

Kunde: Und wie verbindet sich die Uhr mit meinem Smartphone?

Verkäuferin: Über Bluetooth. Sie können durch Vibrationsalarm zum Beispiel auch über eingehende Anrufe informiert werden.

Kunde: Wie lang hält denn so ein Akku?

Verkäuferin: Das ist bei diesem Modell tatsächlich die Schwachstelle. 24 Stunden, dann muss sie (= die Uhr) wieder geladen werden. Das liegt an der Bluetooth-Verbindung, die verbraucht viel Strom. Länger hält der Akku von diesem Modell hier, dem BC-39. Allerdings auf Kosten von verschiedenen Funktionen, die dieses Modell dann eben nicht anbietet.

Kunde: Und was kann dieses Modell?

Verkäuferin: Sie haben immerhin eine Anzeige für Anrufe und SMS-Benachrichtigungen, und Sie können mit der Uhr Ihr Smartphone finden, wenn Sie es verlegt haben. Sie drücken auf diesen kleinen Knopf hier an der Seite und lösen damit einen Alarm auf Ihrem Smartphone aus.

Kunde: Das ist wirklich praktisch! Wie oft sucht man nach seinem Telefon ... Gibt es nicht vielleicht auch so eine Funktion für die Brille und den Schlüssel?

Verkäuferin: Das müsste mal entwickelt werden! Aber wie Sie sehen: Nahezu nichts ist unmöglich!

Kunde: Das scheint in der Tat so zu sein. Ich weiß gar nicht, was ich von all diesen neuen Entwicklungen halten soll. Einerseits ist man davon fasziniert, andererseits macht einem diese Hochtechnisierung des alltäglichen Lebens auch Angst.

Verkäuferin: Ich bin ziemlich sicher, dass sich nicht alles durchsetzen wird. Aber was denken Sie: Ist denn bei all den Geräten, die ich Ihnen heute gezeigt habe, etwas für Ihren Sohn dabei?

Kunde: Richtig, das war ja der Grund meines Kommens. Ich danke Ihnen sehr, dass Sie sich so viel Zeit für mich genommen haben. Aber ich werde erst einmal mit meinem Sohn sprechen. Es fällt mir schwer, ohne ihn eine Entscheidung zu treffen. Dürfte ich denn Ende nächster Woche noch einmal mit ihm zusammen zu Ihnen kommen?

Verkäuferin: Aber selbstverständlich, jederzeit!

▶ 25 **1 a) Lösung**

1. Der Sohn des Kunden *liebt jede neue Technik, weshalb sein Vater ihm zum Geburtstag gern eine wirkliche Neuheit schenken würde.*
2. Eine Smartbrille ist eine Datenbrille, *die viele Informationen vom Smartphone direkt ins Blickfeld übermittelt.*
3. Die Schrift in der Datenbrille ist oberhalb des Sichtfeldes, *weshalb man die Information zwar wahrnimmt, sie aber nicht stört.*
4. Die Navigation der Smartbrille funktioniert *bis jetzt nur auf Englisch.*
5. Wenn man mit der Smartbrille gerade nicht sprechen kann, *lässt sie sich durch Kopfbewegung oder Berühren steuern.*
6. Mit einer Smartuhr *kann man E-Mails, Tweets oder Nachrichten empfangen.*
7. Das Modell „Smartwear" ist *fast nicht größer als eine normale Armbanduhr.*
8. Die Verbindung zwischen Smartphone und Smartuhr funktioniert über Bluetooth, weshalb *der Akku nach 24 Stunden wieder geladen werden muss.*
9. Das Modell BC-39 *informiert über Anrufe, Textnachrichten und kann das Smartphone finden.*
10. Der Kunde *möchte zusammen mit seinem Sohn noch einmal wiederkommen.*

▶ 26 1 b) Text und Lösung

1. Was ist eine Smartbrille?
   Das ist eine Datenbrille, kompatibel mit einem Smartphone.
2. Wo sieht man die Informationen vom Smartphone auf der Brille?
   Die Schrift befindet sich oberhalb des Sichtfelds.
3. Warum kann man nicht einfach das Smartphone aus der Tasche nehmen und darauf schauen?
   Es gibt viele Situationen im Alltag, in denen es unhöflich wäre, auf das Smartphone zu sehen.
4. Wie funktioniert die Navigation mit einer Smartbrille?
   Man kann mit der Sprachsteuerung navigieren.
5. Was macht man, wenn man nicht sprechen kann, zum Beispiel in einer Bibliothek?
   Man kann per Kopfbewegung oder durch Berühren des Touchpads am rechten Bügel ein Programm im Menü auswählen.
6. Warum überzeugt Sie die Wegbeschreibung so?
   Das virtuelle Bild der aktuellen Umgebung wird so projiziert, dass der Pfeil immer in die Richtung zeigt, in die Sie gehen müssen.
7. Wie kann ich Informationen auf meiner Smartuhr empfangen?
   Sie wählen einfach die Daten auf Ihrem Telefon aus, die Sie immer griffbereit haben wollen.
8. Wie groß und schwer ist das Modell „Smartwear"?
   Es hat eine Anzeige von 36 mal 36 Millimetern und wiegt knapp 16 Gramm.
9. Ist das Modell wasserdicht?
   Es ist auf jeden Fall gegen Wasserspritzer geschützt.
10. Wie lange hält der Akku?
    Das ist bei diesem Modell eine Schwachstelle, denn er hält nur 24 Stunden.
11. Was kann dieses Modell, das wenig Akku verbraucht?
    Es hat eine Anzeige für Anrufe und SMS-Nachrichten, und Sie können Ihr Smartphone finden, wenn Sie es verlegt haben.
12. Ist bei diesen Geräten etwas für den Sohn des Kunden dabei?
    Es fällt ihm schwer, ohne seinen Sohn eine Entscheidung zu treffen.

E2 Digitale Sucht

▶ 27 **2 a) Hören Sie den Text einmal, dann lesen Sie die Sätze unten. Nun hören Sie den Text noch einmal und kreuzen Sie an: Was ist richtig, was ist falsch?**

		richtig	falsch
1.	Nutzer von Facebook oder WhatsApp sind abhängig vom Internet.	☐	☒
2.	Eine große Gefahr des Internets liegt in der Ablenkung von der Gegenwart.	☐	☐
3.	Ein Anzeichen von Computersucht ist, wenn man plötzlich viele soziale Kontakte hat.	☐	☐
4.	Wenn sich durch ständigen Computer- oder Handygebrauch die Persönlichkeit verändert, sollte man zum Psychologen gehen.	☐	☐
5.	Wenn jemand auch zu Hause und in der Freizeit noch beruflich erreichbar ist, ist er besonders fleißig und pflichtbewusst.	☐	☐
6.	Man muss abschalten und zur Ruhe kommen, um konzentriert und effizient arbeiten zu können.	☐	☐
7.	Jeder fünfte Arbeitnehmer ist auch zu Hause für seinen Chef oder seine Kollegen erreichbar.	☐	☐

		richtig	falsch
8.	Wenn man in der Freizeit vor dem Computer sitzt, muss man sein geplantes Programm nicht einhalten.	☐	☐
9.	Es ist wichtig, zu Hause sofort in den Computer oder auf das Handy zu sehen.	☐	☐
10.	Die Einsamkeit vieler Menschen ist der Grund für exzessiven Computergebrauch.	☐	☐
11.	Die digitale Welt hilft einsamen Menschen, Defizite in ihrem realen Leben auszugleichen.	☐	☐
12.	Internetabhängige Menschen kümmern sich nicht mehr um Freunde, Familie, Beruf und sich selbst.	☐	☐
13.	Weltweit sind eine halbe Million Menschen von Internetsucht betroffen.	☐	☐
14.	Ein Drittel der Deutschen hat ein starkes Bedürfnis nach Bindung und Gemeinschaft und ist deshalb in einem sozialen Netzwerk.	☐	☐
15.	Internetsucht muss man anders als Alkohol- oder Nikotinabhängigkeit behandeln.	☐	☐
16.	In Seminaren, Camps oder Workshops können sich internetsüchtige Menschen langsam daran gewöhnen, auch offline zufrieden zu sein.	☐	☐
17.	Die neue Wahrnehmung vom Hier und Jetzt ist das Ziel der digitalen Entgiftungsseminare.	☐	☐
18.	Seit dem Jahr 2014 sind 49 Menschen bei einer Handyaufnahme von sich selbst gestorben.	☐	☐
19.	Die Menschen müssen lernen, sehr bewusst mit dem Internet umzugehen.	☐	☐
20.	Um einen angenehmen Tag zu verbringen, sollen die Hörerinnen und Hörer nicht auf die Website des Radiosenders gehen.	☐	☐

▶ 28 **2 b) Jetzt sind Sie dran. Hören Sie und wiederholen Sie.**

▶ 27 **2 a) Text**

Jeden Sonntagvormittag gibt es im Radio die Sendung „Wissenschaft und Gesundheit". Heute steht ein Interview zum Thema „Digitale Sucht" auf dem Programm.

Moderator: Guten Morgen, liebe Hörerinnen und Hörer. Wer kennt das nicht? Man sitzt am Schreibtisch, die Termine drängen, und doch landet man immer wieder auf Facebook, auf Nachrichtenseiten oder bei einem WhatsApp-Chat auf dem Smartphone. Ist das einfach die Realität unserer Zeit, oder sind das erste Anzeichen einer Internetsucht? Heute werden wir versuchen, zusammen mit unserem Gast, der Psychologin Frau Doktor Herburger, dieser Frage auf den Grund zu gehen. Ich freue mich, Frau Doktor Herburger, dass Sie zu uns ins Studio gekommen sind, und darf Sie ganz herzlich begrüßen!

Herburger: Guten Morgen und vielen Dank für die Einladung! Ja, was Sie gerade angesprochen haben, ist tatsächlich Realität. Aber es ist nicht nur die Ablenkung von konzentrierter Arbeit, die das Internet bietet, vielmehr liegt die Gefahr besonders auch in der neuen Art von Freizeitgestaltung. Viele Menschen verbringen jeden Tag Stunden vor dem Computer oder am Handy.

Moderator: Wann kann man denn Ihrer Erfahrung nach von einer regelrechten Internetsucht sprechen?

Herburger: Hier muss man vorsichtig sein. Nicht jeder, der gern am Computer sitzt, ist bereits süchtig. Ein alarmierendes Anzeichen ist eher, wenn Freunde und Familie eine Persönlichkeitsveränderung wahrnehmen. Soziale Kontakte werden vernachlässigt, Hobbys und Aktivitäten, mit denen man vorher seine Freizeit verbracht hat, werden plötzlich uninteressant, in Schule oder Beruf gibt es Probleme – stellt man derartige Veränderungen fest, ist es an der Zeit, professionelle Hilfe zu suchen.

Moderator: Häufig ist es ja die Arbeit, die berufstätige Menschen so lange am Computer oder am Handy hält. Kann man nicht sagen, dass diese Menschen besonders fleißig und pflichtbewusst sind?

Herburger: Hier möchte ich mit einem klaren Nein antworten. Ständige Erreichbarkeit gefährdet die Gesundheit und ist auch unnötig. Man muss nach der Arbeit tatsächlich abschalten, in jeder Hinsicht, seinem Kopf Ruhepausen gönnen und durch unterschiedliche Freizeitaktivitäten sein Gleichgewicht finden. Dann kann man auch wieder konzentriert und effizient arbeiten. Es gibt in der Regel keine E-Mail, die nicht auch am nächsten Tag beantwortet werden kann. Und sicherlich handelt es sich bei nur sehr wenigen Anrufen aus dem beruflichen Umfeld nach der regulären Arbeitszeit um wirkliche Notfälle. Einer Untersuchung zufolge nutzt jeder fünfte Arbeitnehmer sein

Diensthandy als mobiles Büro. Diese Entwicklung sollte dringend aufgehalten werden. Ich plädiere unbedingt für eine Trennung von Arbeit und Privatleben!

Moderator: Sie haben sicherlich recht, Frau Herburger, wenn Sie davon sprechen, dass die Freizeit von Computer und Handy beherrscht wird – können Sie das zeitlich eingrenzen? Wie viele Stunden muss jemand außerhalb seiner Arbeitszeit online sein, um als abhängig zu gelten?

Herburger: Das kann ich so konkret schwer beantworten, aber es gibt verschiedene Kriterien, zum Beispiel der ständig anwachsende Gebrauch der Medien. Außerdem ist es problematisch, wenn man sein geplantes Programm nicht einhält, sondern immer länger online bleibt, als man vorhatte. Auch sollte man nicht nach Hause kommen und als Erstes zum Computer gehen oder zum Handy greifen. Sich etwas zum Essen zu machen oder den Partner oder die Familie zu begrüßen, sollte definitiv wichtiger sein! Andererseits – hier sind wir bei einem Punkt, der auch oft den exzessiven Mediengebrauch hervorruft. Viele Menschen sind einsam und versuchen diese Defizite in ihrem realen Leben durch ein virtuelles Leben auszugleichen. Sie posten und liken, treten so scheinbar in Kontakt mit unzähligen Menschen, legen sich virtuelle Persönlichkeiten zu, die ihrem Wunschbild von sich selbst entsprechen und leben in Computerspielen ein aufregendes Leben.

Moderator: Aber ist das nicht ein Teufelskreis? Je mehr diese Menschen ihre Lebenszeit vor dem Computer verbringen, umso weniger haben sie die Gelegenheit, all das in ihrem richtigen Leben kennenzulernen.

Herburger: Hier ist genau das Problem. Meist handelt es sich um eher schüchterne Personen, die Angst davor haben, verletzt zu werden. Nimmt ein junger Mann über das Internet Kontakt zu einer Frau auf, ist das anonym und er fühlt sich viel weniger verunsichert, wenn er eine Ablehnung erfährt. Allerdings hält eine virtuelle Bestätigung noch lange nicht der Realität stand. Dazu ist es auch dramatisch, wie Internetsucht nicht nur zur Vernachlässigung des weiteren Umkreises wie Familie, Freunde, Schule und Beruf führt, sondern in extremen Fällen sogar zur Vernachlässigung der eigenen Person. Man isst nicht mehr regelmäßig, schläft zu wenig und vernachlässigt die Körperpflege.

Moderator: Das klingt wirklich besorgniserregend. Gibt es denn Untersuchungen, wie viele Menschen in Deutschland in etwa von einer Internetsucht betroffen sind?

Herburger: Schätzungsweise über eine halbe Million. Man geht davon aus, dass jeder zweite Deutsche sein Smartphone immer dabei hat und somit jederzeit online gehen kann. Das macht auch rund ein Drittel der Deutschen in jeder freien Minute. Jeder Mensch hat ein Grundbedürfnis nach Bindung und Gemeinschaft. Das erklärt die starke Anziehungskraft der sozialen Netzwerke. Große Entfernungen spielen hier keine Rolle mehr, und durch die Chatfunktion hat man das Gefühl, tatsächlich miteinander zu sprechen. Wir sollten uns fragen, weshalb dieses Grundbedürfnis in unserer Gesellschaft anscheinend so wenig Beachtung findet …

Moderator: Das ist richtig, doch ich fürchte, dass wir damit den Rahmen unserer Sendezeit sprengen würden! Was gibt es denn für Möglichkeiten, internetabhängigen Menschen zu helfen?

Herburger: So seltsam es klingt, aber man muss die Sucht durch langsamen Entzug bekämpfen, nicht anders als bei Alkohol- oder Nikotinabhängigkeit! Unter dem Schlagwort „Digital Detox" gibt es in den USA schon seit längerer Zeit Seminare, Camps und Workshops, und inzwischen ist diese Bewegung als „Digitale Entgiftung" auch in Europa angekommen. Ziel dieser Behandlung ist es, den Patienten – und wir müssen hier von Patienten sprechen! – zu zeigen, welch ein Luxus es ist, offline zu sein, und die Fähigkeit zu fördern, das Hier und Jetzt wahrzunehmen, zu bewältigen und zu genießen! Ohne das Verlangen, es sofort zu dokumentieren und einer größeren Öffentlichkeit zu zeigen! Wussten Sie übrigens, dass seit 2014 49 Menschen bei einem Selfie ums Leben gekommen sind? Und das ist die Zahl der bekannten Fälle, vermutlich liegt die Dunkelziffer noch viel höher …

Moderator: Meine Güte! Daran kann man sehen, unter welchem Druck manche Menschen stehen, sich möglichst spektakulär zu präsentieren!

Herburger: Genau das zeigen uns diese Zahlen. Wir werden als Eltern, als Lehrer und als Arbeitgeber in Zukunft gefordert sein, den Umgang mit Medien und speziell mit dem Internet sehr bewusst zu gestalten. Das beginnt mit der Erkenntnis, was für Auswirkungen bereits der als normal empfundene Gebrauch der digitalen Geräte auf Konzentration und Kreativität hat. Darüber hinaus muss sich jeder Strategien aneignen, mit dem Überfluss an Information und Kommunikation vernünftig umzugehen. Und nicht zuletzt muss man sehr aufmerksam beobachten, wo eine ungesunde Abhängigkeit vom Internet droht.

Moderator: Ein passendes Schlusswort zu diesem hochinteressanten Thema! Frau Doktor Herburger, ich danke Ihnen sehr!
Nun wage ich es kaum zu sagen, aber: Liebe Hörerinnen und Hörer, weitere Informationen zum Thema Internetsucht und Hinweise auf digitale Entgiftungsseminare finden Sie auf unserer Website.
Ich wünsche Ihnen einen angenehmen Tag!

▶ 27 **2 a) Lösung**

		richtig	falsch
1.	Nutzer von Facebook oder WhatsApp sind abhängig vom Internet.	☐	☒
2.	Eine große Gefahr des Internets liegt in der Ablenkung von der Gegenwart.	☒	☐
3.	Ein Anzeichen von Computersucht ist, wenn man plötzlich viele soziale Kontakte hat.	☐	☒
4.	Wenn sich durch ständigen Computer- oder Handygebrauch die Persönlichkeit verändert, sollte man zum Psychologen gehen.	☒	☐
5.	Wenn jemand auch zu Hause und in der Freizeit noch beruflich erreichbar ist, ist er besonders fleißig und pflichtbewusst.	☐	☒
6.	Man muss abschalten und zur Ruhe kommen, um konzentriert und effizient arbeiten zu können.	☒	☐
7.	Jeder fünfte Arbeitnehmer ist auch zu Hause für seinen Chef oder seine Kollegen erreichbar.	☒	☐
8.	Wenn man in der Freizeit vor dem Computer sitzt, muss man sein geplantes Programm nicht einhalten.	☐	☒
9.	Es ist wichtig, zu Hause sofort in den Computer oder auf das Handy zu sehen.	☐	☒
10.	Die Einsamkeit vieler Menschen ist der Grund für exzessiven Computergebrauch.	☒	☐
11.	Die digitale Welt hilft einsamen Menschen, Defizite in ihrem realen Leben auszugleichen.	☒	☐
12.	Internetabhängige Menschen kümmern sich nicht mehr um Freunde, Familie, Beruf und sich selbst.	☒	☐
13.	Weltweit sind eine halbe Million Menschen von Internetsucht betroffen.	☐	☒
14.	Ein Drittel der Deutschen hat ein starkes Bedürfnis nach Bindung und Gemeinschaft und ist deshalb in einem sozialen Netzwerk.	☐	☒
15.	Internetsucht muss man anders als Alkohol- oder Nikotinabhängigkeit behandeln.	☐	☒

	richtig	falsch
16. In Seminaren, Camps oder Workshops können sich internetsüchtige Menschen langsam daran gewöhnen, auch offline zufrieden zu sein.	☒	☐
17. Die neue Wahrnehmung vom Hier und Jetzt ist das Ziel der digitalen Entgiftungsseminare.	☒	☐
18. Seit dem Jahr 2014 sind 49 Menschen bei einer Handyaufnahme von sich selbst gestorben.	☒	☐
19. Die Menschen müssen lernen, sehr bewusst mit dem Internet umzugehen.	☒	☐
20. Um einen angenehmen Tag zu verbringen, sollen die Hörerinnen und Hörer nicht auf die Website des Radiosenders gehen.	☐	☒

▶ 28 **2 b) Text**

1. Ist das die Realität unserer Zeit oder sind das Anzeichen einer Internetsucht? Wir werden dieser Frage auf den Grund gehen.
2. Viele Menschen verbringen jeden Tag Stunden vor dem Computer oder am Handy.
3. Man muss nach der Arbeit abschalten und seinem Kopf Ruhepausen gönnen.
4. Einer Untersuchung zufolge nutzt jeder fünfte Arbeitnehmer sein Diensthandy als mobiles Büro.
5. Ich plädiere für eine Trennung von Arbeit und Privatleben.
6. Wie viele Stunden muss jemand außerhalb seiner Arbeitszeit online sein, um als abhängig zu gelten?
7. Es ist problematisch, wenn man immer länger online bleibt, als man vorhatte.
8. Die Menschen legen sich virtuelle Persönlichkeiten zu, die ihrem Wunschbild von sich entsprechen.
9. Je mehr diese Menschen ihre Lebenszeit vor dem Computer verbringen, umso weniger haben sie Gelegenheit, all das in ihrem richtigen Leben kennenzulernen.
10. Wenn ein junger Mann über das Internet Kontakt zu einer Frau aufnimmt, ist das anonym und er fühlt sich weniger verunsichert, wenn er eine Ablehnung erfährt.

11. Die Internetsucht führt zur Vernachlässigung von Familie, Freunden, Schule und Beruf und in extremen Fällen sogar zur Vernachlässigung der eigenen Person.
12. Über eine halbe Million Menschen sind in Deutschland von der Internetsucht betroffen.
13. Ein Drittel der Deutschen ist in jeder freien Minute online.
14. Das Grundbedürfnis der Menschen nach Bindung und Gemeinschaft erklärt die große Anziehungskraft der sozialen Netzwerke.
15. Man muss Internetabhängigkeit durch langsamen Entzug bekämpfen.
16. In Seminaren wird die Fähigkeit gefördert, das Hier und Jetzt wahrzunehmen, zu bewältigen und zu genießen.
17. 49 Todesfälle bei Selfies seit dem Jahr 2014 ist die Zahl der bekannten Fälle, vermutlich liegt die Dunkelziffer noch viel höher.
18. Hier kann man sehen, unter welchem Druck die Menschen stehen, sich möglichst spektakulär zu präsentieren.
19. In Zukunft sind alle gefordert, den Umgang mit Medien und speziell mit dem Internet sehr bewusst zu gestalten.
20. Man muss sehr aufmerksam beobachten, wo eine ungesunde Abhängigkeit vom Internet droht.

E3 Technisierung des Lebens – Chance oder Gefahr?

▶ 29 **3 a) Hören Sie und kreuzen Sie an: Wer sagt was?**

	Frau Legin	Herr Rosner
1. Die sitzende Tätigkeit der Menschen in den Industrieländern führt zu vielen Zivilisationskrankheiten.	☒	☐
2. Viele Menschen bewegen sich zu wenig, aber andererseits gibt es auch Menschen, die alles dafür tun, ihren Körper zu optimieren.	☐	☐
3. Der technische Fortschritt in der Medizin hat dazu geführt, dass viele Krankheiten heute heilbar sind.	☐	☐
4. Durch den technischen Fortschritt in der Medizin wird oft Leben erhalten, ohne dass es ethisch oder moralisch vertretbar ist.	☐	☐
5. In der heutigen Politik wird an Gesetzen gearbeitet, die diese Situationen regeln.	☐	☐
6. Fortschritt ist ein Prozess, auf den die Menschen immer wieder reagieren und in dem sie sich auf veränderte Bedingungen einstellen müssen.	☐	☐

	Frau Legin	Herr Rosner
7. Die Datenspeicherung und Überwachung heutzutage dient einerseits der Sicherheit der Menschen, andererseits kann sie aber auch missbraucht werden.	☐	☐
8. Überwachung der Bürger hat es schon immer und in jedem Staatssystem gegeben.	☐	☐
9. Der Mensch macht sich immer mehr von seinen technischen Hilfsmitteln abhängig und verliert dadurch viele Fähigkeiten.	☐	☐
10. Wenn die technischen Hilfsmittel einmal ausfallen, können sich die Menschen auch wieder sehr schnell auf die Veränderung einstellen.	☐	☐

▶ 29 **3 b) Hören Sie noch einmal und ergänzen Sie die fehlenden Wörter.**

In der Sendung „Welt der Wissenschaft" sind heute Abend die Philosophin Barbara Legin und der Zukunftsforscher Herbert Rosner zu einem Meinungsaustausch eingeladen. Sie hören den Anfang ihrer Diskussion.

Moderator: Guten Abend, meine Damen und Herren. Die rasant zunehmende Technisierung unseres Lebens wird in allen Medien kontrovers diskutiert. Heute Abend werden wir mit unseren Gästen einige __________ dieser Entwicklung betrachten. Bereits zu Zeiten des Denkers, __________ und Naturforschers Rousseau hat sich die Philosophie mit dem Fortschritt beschäftigt. Ich freue mich, heute Abend die Philosophie-Professorin der Universität Leipzig, Frau Legin, begrüßen zu dürfen!

Legin: Guten Abend und herzlichen Dank für die Einladung!

Moderator: Ebenso freue ich mich, dass Herr Rosner vom Institut für __________________ in Bern unserer Einladung gefolgt ist.

Rosner: Guten Abend.

Moderator: Frau Legin, ich darf Ihren alten Kollegen Rousseau __________, der schrieb: „Alles ist gut, wenn es aus den Händen des Schöpfers hervorgeht; alles entartet unter den Händen des Menschen." Können Sie uns erklären, was er damit meinte?

Legin: Rousseau sah in jeder Entwicklung des Menschen einen Verlust. Im __________, natürlichen Zustand, wie Gott ihn geschaffen hat, war für ihn der Mensch gut und vollendet, je weiter er jedoch __________ wurde, umso mehr hat er verloren. Diese Position ist natürlich __________, allerdings – ist sie wirklich so falsch? In den __________ Ländern sitzt der moderne Mensch hauptsächlich und bedient Maschinen und Geräte. Die __________ Übergewicht ist nicht zu übersehen und heutzutage haben bereits viele Kinder Schwierigkeiten, auf einen Baum zu klettern oder eine Rolle vorwärts zu machen.

Rosner: Entschuldigung, dass ich Sie unterbreche, aber dazu möchte ich gleich etwas anmerken.

Moderator: Ich bitte darum, Herr Rosner!

Rosner: Wir sollten hier unbedingt __________. Es stimmt natürlich, dass sich viele Menschen zu wenig bewegen, aber es gefällt mir nicht, die Schuld allein in der zunehmenden Technisierung zu suchen. Außerdem kann man auf der anderen Seite einen regelrechten __________ beobachten, Menschen, die jede freie Minute trainieren, um sich fit, stark und beweglich zu halten. Und wenn wir über die körperliche Gesundheit des Menschen sprechen, dürfen wir nicht vergessen, die __________ Fortschritte in der Medizin zu erwähnen, die __________ Menschen das Leben retten.

Legin: Das stimmt zwar, aber gerade hier findet auch eine ______________________________ Entwicklung statt. Die technische Machbarkeit ___________________ humanitäre Überlegungen. Man kann einen Körper fast endlos am Leben erhalten, doch das wirft _________________ und soziale Fragen auf, ...

Rosner: ... die durchaus in der ____________________________diskutiert werden. Meines Erachtens ist es eine grundlegende Eigenschaft des Menschen, auf veränderte Bedingungen ________________ zu reagieren. Wir befinden uns in einem _______________, in dessen Verlauf Fragen und Probleme auftauchen, aber auch Chancen und Möglichkeiten. Ein ganz einfaches Beispiel: Vor etwa 30 Jahren wurden in Deutschland überall Geldautomaten und Geldkarten _____________________. Natürlich gab es damit auch eine neue ___________________ der ______________________, und das rief wiederum enorme _______________ bei der Bevölkerung hervor. Nach einigen Anfangsschwierigkeiten sind die Bankkarten inzwischen weitgehend sicher, und keiner möchte mehr darauf _____________________, rund um die Uhr Geld abzuheben oder ohne Bargeld mit der Karte zu bezahlen.

Legin: Da haben Sie völlig recht, doch bleiben wir einmal bei Ihrem Beispiel: Die Sicherheit des Gebrauchs der Bankkarten ist nur ___________________________ durch eine _____________ persönliche Zuordnung der Geldgeschäfte. Hier werden Daten ______________________ und es wird die Möglichkeit geschaffen, jeden einzelnen Schritt __________________________________. Der Mensch wird zum einen ständig ___________________, und __________ zum anderen in eine totale Abhängigkeit von technischen Geräten. Und wir dürfen nicht vergessen, dass diese technischen Geräte wiederum von Menschen _____________ werden, und auch, dass die Daten von Menschen ______________________

E

werden. Hier ist kein großer Schritt zu ______________________ vom totalen ____________________________ oder Missbrauch all dieser technischen Möglichkeiten durch ____________________ ________________.

Rosner:	Das halte ich für übertrieben, denn zu jeder Zeit haben ____________________ Mittel und Wege gefunden, die Bürger zu überwachen und ihre ________________________ durchzusetzen, jeweils nach den Möglichkeiten der Zeit.
Legin:	Ich sehe das völlig anders, denn einen so tiefen Einblick in die ________________ Bereiche des Einzelnen hat man so in der Vergangenheit noch nicht erhalten. Dazu kommt, wie ich vorhin schon __________ habe, die Abhängigkeit des Menschen von der Technik. Dadurch verliert er immer mehr die Fähigkeit, sein Leben ______________________ in die Hand zu nehmen. Stellen Sie sich nur vor, die neuen Autotypen, die völlig ____________________ einparken, breiten sich immer mehr aus. Ich möchte kein Verkehrsteilnehmer mehr sein, wenn ich von lauter Autofahrern umgeben bin, die die Größe ihres Autos nicht mehr __________________ können! Apropos Autofahrer: Heute sind bereits die meisten Autofahrer verloren, wenn ihr ________________________ ausfällt! Sich an Straßenschildern ________________ oder gar Karten lesen – verlorene Fähigkeiten!
Rosner:	Ich bin überzeugt, sollten diese Hilfsmittel tatsächlich einmal ausfallen, wird sich jeder ____________________________ auch schnell wieder in der veränderten Situation zurechtfinden. Sie sollten vielmehr sehen, welches ______________ die Menschen nun nützen können, da sie ihre Zeit nicht mit so vielen mühsamen Dingen des Alltags verbringen müssen. Denken Sie nur an ...

3 c) Ordnen Sie zu.

1.	einer Einladung	a)	suchen
2.	eine Maschine	b)	nehmen
3.	die Schuld in etwas	c)	aufwerfen
4.	ein Leben	d)	bedienen
5.	am Leben	e)	folgen
6.	Fragen	f)	speichern
7.	Skepsis	g)	finden
8.	Sicherheit	h)	retten
9.	Daten	i)	schaffen
10.	eine Möglichkeit	j)	hervorrufen
11.	Mittel und Wege	k)	verlieren
12.	Interessen	l)	gewährleisten
13.	Einblick	m)	erhalten
14.	eine Fähigkeit	n)	durchsetzen
15.	Zeit	o)	nehmen
16.	in die Hand	p)	verbringen

1.	2.	3.	4.	5.	6.	7.	8.	9.	10.	11.	12.	13.	14.	15.	16.
e)															

▶ 30 **3 d) Jetzt sind Sie dran. Hören Sie und wiederholen Sie.**

▶ 29 **3 a) Lösung**

	Frau Legin	Herr Rosner
1. Die sitzende Tätigkeit der Menschen in den Industrieländern führt zu vielen Zivilisationskrankheiten.	☒	☐
2. Viele Menschen bewegen sich zu wenig, aber andererseits gibt es auch Menschen, die alles dafür tun, ihren Körper zu optimieren.	☐	☒
3. Der technische Fortschritt in der Medizin hat dazu geführt, dass viele Krankheiten heute heilbar sind.	☐	☒
4. Durch den technischen Fortschritt in der Medizin wird oft Leben erhalten, ohne dass es ethisch oder moralisch vertretbar ist.	☒	☐
5. In der heutigen Politik wird an Gesetzen gearbeitet, die diese Situationen regeln.	☐	☒
6. Fortschritt ist ein Prozess, auf den die Menschen immer wieder reagieren und in dem sie sich auf veränderte Bedingungen einstellen müssen.	☐	☒
7. Die Datenspeicherung und Überwachung heutzutage dient einerseits der Sicherheit der Menschen, andererseits kann sie aber auch missbraucht werden.	☒	☐
8. Überwachung der Bürger hat es schon immer und in jedem Staatssystem gegeben.	☐	☒
9. Der Mensch macht sich immer mehr von seinen technischen Hilfsmitteln abhängig und verliert dadurch viele Fähigkeiten.	☒	☐
10. Wenn die technischen Hilfsmittel einmal ausfallen, können sich die Menschen auch wieder sehr schnell auf die Veränderung einstellen.	☐	☒

▶ 29 **3 b) Text und Lösung**

Moderator: Guten Abend, meine Damen und Herren. Die rasant zunehmende Technisierung unseres Lebens wird in allen Medien *kontrovers* diskutiert. Heute Abend werden wir mit unseren Gästen einige *Aspekte* dieser Entwicklung betrachten. Bereits zu Zeiten des Denkers, *Pädagogen* und Naturforschers Rousseau hat sich die Philosophie mit dem Fortschritt beschäftigt. Ich freue mich, heute Abend die Philosophie-Professorin der Universität Leipzig, Frau Legin, begrüßen zu dürfen!

Legin: Guten Abend und herzlichen Dank für die Einladung!

Moderator: Ebenso freue ich mich, dass Herr Rosner vom Institut für *Zukunftsforschung* in Bern unserer Einladung gefolgt ist.

Rosner: Guten Abend.

Moderator: Frau Legin, ich darf Ihren alten Kollegen Rousseau *zitieren*, der schrieb: „Alles ist gut, wenn es aus den Händen des Schöpfers hervorgeht; alles entartet unter den Händen des Menschen." Können Sie uns erklären, was er damit meinte?

Legin: Rousseau sah in jeder Entwicklung des Menschen einen Verlust. Im *ursprünglichen*, natürlichen Zustand, wie Gott ihn geschaffen hat, war für ihn der Mensch gut und vollendet, je weiter er jedoch *zivilisiert* wurde, umso mehr hat er verloren. Diese Position ist natürlich *extrem*, allerdings – ist sie wirklich so falsch? In den *industrialisierten* Ländern sitzt der moderne Mensch hauptsächlich und bedient Maschinen und Geräte. Die *Zivilisationskrankheit* Übergewicht ist nicht zu übersehen und heutzutage haben bereits viele Kinder Schwierigkeiten, auf einen Baum zu klettern oder eine Rolle vorwärts zu machen.

Rosner: Entschuldigung, dass ich Sie unterbreche, aber dazu möchte ich gleich etwas anmerken.

Moderator: Ich bitte darum, Herr Rosner!

Rosner: Wir sollten hier unbedingt *differenzieren*. Es stimmt natürlich, dass sich viele Menschen zu wenig bewegen, aber es gefällt mir nicht, die Schuld allein in der zunehmenden Technisierung zu suchen. Außerdem kann man auf der anderen Seite einen regelrechten *Körperkult* beobachten, Menschen, die jede freie Minute trainieren, um sich fit, stark und beweglich zu halten. Und wenn wir über die körperliche Gesundheit des Menschen sprechen, dürfen wir nicht vergessen, die *immensen* Fortschritte in der Medizin zu erwähnen, die *unzähligen* Menschen das Leben retten.

Legin: Das stimmt zwar, aber gerade hier findet auch eine *problematische* Entwicklung statt. Die technische Machbarkeit *dominiert* humanitäre Überlegungen. Man kann einen Körper fast endlos am Leben erhalten, doch das wirft *ethische* und soziale Fragen auf, ...

Rosner: ... die durchaus in der *Gesetzgebung* diskutiert werden. Meines Erachtens ist es eine grundlegende Eigenschaft des Menschen, auf veränderte Bedingungen *flexibel* zu reagieren. Wir befinden uns in einem *Prozess*, in dessen Verlauf Fragen und Probleme auftauchen, aber auch Chancen und Möglichkeiten. Ein ganz einfaches Beispiel: Vor etwa 30 Jahren wurden in Deutschland überall Geldautomaten und Geldkarten *eingeführt*. Natürlich gab es damit auch eine neue *Dimension* der *Kriminalität*, und das rief wiederum enorme *Skepsis* bei der Bevölkerung hervor. Nach einigen Anfangsschwierigkeiten sind die Bankkarten inzwischen weitgehend sicher, und keiner möchte mehr darauf *verzichten*, rund um die Uhr Geld abzuheben oder ohne Bargeld mit der Karte zu bezahlen.

Legin: Da haben Sie völlig recht, doch bleiben wir einmal bei Ihrem Beispiel: Die Sicherheit des Gebrauchs der Bankkarten ist nur *gewährleistet* durch eine *exakte* persönliche Zuordnung der Geldgeschäfte. Hier werden Daten *gespeichert* und es wird die Möglichkeit geschaffen, jeden einzelnen Schritt *nachzuvollziehen*. Der Mensch wird zum einen ständig *überwacht*, und *gerät* zum anderen in eine totale Abhängigkeit von technischen Geräten. Und wir dürfen nicht vergessen, dass diese technischen Geräte wiederum von Menschen *bedient* werden, und auch, dass die Daten von Menschen *ausgewertet* werden. Hier ist kein großer Schritt zu *Horrorszenarien* vom totalen *Überwachungsstaat* oder Missbrauch all dieser technischen Möglichkeiten durch *diktatorische Machthaber*.

Rosner: Das halte ich für übertrieben, denn zu jeder Zeit haben *Staatssysteme* Mittel und Wege gefunden, die Bürger zu überwachen und ihre *Machtinteressen* durchzusetzen, jeweils nach den Möglichkeiten der Zeit.

Legin: Ich sehe das völlig anders, denn einen so tiefen Einblick in die *privatesten* Bereiche des Einzelnen hat man so in der Vergangenheit noch nicht erhalten. Dazu kommt, wie ich vorhin schon *erwähnt* habe, die Abhängigkeit des Menschen von der Technik. Dadurch verliert er immer mehr die Fähigkeit, sein Leben *selbstbestimmt* in die Hand zu nehmen. Stellen Sie sich nur vor, die neuen Autotypen, die völlig *selbstständig* einparken, breiten sich immer mehr aus. Ich möchte kein Verkehrsteilnehmer mehr sein, wenn ich von lauter Autofahrern umgeben bin, die die Größe ihres Autos nicht mehr *einschätzen* können! Apropos Autofahrer: Heute sind bereits die meisten Autofahrer verloren, wenn ihr *Navigationsgerät* ausfällt! Sich an Straßenschildern *orientieren* oder gar Karten lesen – verlorene Fähigkeiten!

Rosner: Ich bin überzeugt, sollten diese Hilfsmittel tatsächlich einmal ausfallen, wird sich jeder *Verkehrsteilnehmer* auch schnell wieder in der veränderten Situation zurechtfinden. Sie sollten vielmehr sehen, welches *Potenzial* die Menschen nun nützen können, da sie ihre Zeit nicht mit so vielen mühsamen Dingen des Alltags verbringen müssen. Denken Sie nur an ...

3 c) Lösung

1.	2.	3.	4.	5.	6.	7.	8.	9.	10.	11.	12.	13.	14.	15.	16.
e)	*d)*	*a)*	*h)*	*m)*	*c)*	*j)*	*l)*	*f)*	*i)*	*g)*	*n)*	*b)*	*k)*	*p)*	*o)*

▶ 30 **3 d) Text**

1. Die zunehmende Technisierung unseres Lebens wird in allen Medien kontrovers diskutiert.
2. Wir werden einige Aspekte dieser Entwicklung betrachten.
3. In den industrialisierten Ländern sitzt der Mensch hauptsächlich und bedient Maschinen und Geräte.
4. Entschuldigung, dass ich unterbreche, aber dazu möchte ich gleich etwas anmerken.
5. Es stimmt natürlich, dass sich viele Menschen zu wenig bewegen, aber es gefällt mir nicht, die Schuld allein in der zunehmenden Technisierung zu suchen.
6. Fortschritte in der Medizin retten unzähligen Menschen das Leben.
7. Das Problem wirft ethische und moralische Fragen auf, die in der Gesetzgebung diskutiert werden.
8. Die neue Dimension der Kriminalität rief enorme Skepsis bei der Bevölkerung hervor.
9. Die Sicherheit ist nur gewährleistet durch eine exakte persönliche Zuordnung.
10. Die technischen Geräte werden von Menschen bedient und die Daten werden von Menschen ausgewertet.
11. Das halte ich für übertrieben, denn zu jeder Zeit haben Staatssysteme Mittel und Wege gefunden, ihre Machtinteressen durchzusetzen.
12. Heutzutage kann man Einblick in die privatesten Bereiche des Einzelnen nehmen.
13. Der Mensch verliert die Fähigkeit, sein Leben selbstbestimmt in die Hand zu nehmen.
14. Jeder Mensch kann sich schnell wieder in der veränderten Situation zurechtfinden.

F Ausbildung und Beruf

F1 Am Telefon

▶ 31 **1 a) Hören Sie das Telefongespräch einmal, dann hören Sie es noch einmal und ergänzen Sie die Lücken.**

Matthias Lux: Wo war jetzt gleich noch mal die Telefonnummer? Ich hatte sie mir doch vorhin schon herausgesucht. ... Ach hier. Also, erst mal die Vorwahl von Berlin, dann 357 42 84 56. ... Besetzt. ... Dann kann ich ja inzwischen die Nummer schon mal ____________. ...
Gut, dann versuche ich es noch mal. ... Super, jetzt ist frei. ... Wieso ________ denn da niemand ____? Gerade war doch noch __________! ...
Also, einmal versuche ich es jetzt noch, wenn dann niemand ____________, lass ich es ...

Frau Bunt: Technoport, guten Tag. Sie sprechen mit Frau Bunt, wie kann ich Ihnen helfen?

Matthias Lux: Oh, mit wem spreche ich da? Eigentlich wollte ich mit Frau Lechmann vom UDT Spracheninstitut sprechen.

Frau Bunt: Tut mir leid, Sie sind mit der Firma Technoport ______________.

Matthias Lux: Ach, dann habe ich mich wohl ____________. Bitte entschuldigen Sie die ___________.

Frau Bunt: Kein Problem. Auf Wiederhören.

Matthias Lux: Auf Wiederhören. ... Komisch, da muss ich mich irgendwie ____________ haben. Also, noch mal: Vorwahl, dann 3 57 42 84 56. Mal sehen ...

Frau Lift: UDT Spracheninstitut, Frau Lift, guten Tag?

Matthias Lux: Äh, Matthias Lux mein Name. Bin ich da richtig beim UDT Spracheninstitut?

Frau Lift: Ja, da sind Sie genau richtig. _____ ________ ______ _________ __________?

Matthias Lux: Ich wollte eigentlich mit Frau Lechmann sprechen. Könnten Sie mich bitte mit ihr ______________? Ich hatte bereits letzte Woche mit ihr telefoniert und wir wollten uns noch einmal ____________________ wegen einiger ___________________.

Frau Lift: Frau Lechmann ist zurzeit nicht ___ ________. Sie ist bis übermorgen auf einer ________________. Aber vielleicht kann ich Ihnen ja __________________. Worum ______ ______ ________ _________?

Matthias Lux: Ach, das ist jetzt natürlich blöd. Sie hatte mir eigentlich ____________, mich heute ____________________.

Frau Lift: Das tut mir leid. Wie gesagt, vielleicht kann ich Ihnen ja auch weiterhelfen. Ansonsten kann ich Frau Lechmann auch eine Nachricht ______________________, dass Sie angerufen haben. Ab Montag ist sie wieder an ihrem __________, und dann wird sie sich sicherlich so schnell wie möglich mit Ihnen ___ ____________________ ____________.

Matthias Lux: Montag ist leider zu spät! Ich bräuchte bis heute Nachmittag die ____________________ ____________, dass mein Individualkurs wirklich stattfindet, außerdem hätte ich noch gern _______ _______________ ________ die genauen Unterrichtszeiten.

Frau Lift: ______ _______ _______________, da kann ich Ihnen auch helfen. Für die Kursorganisation bin ich gemeinsam mit Frau Lechmann _______________. Wenn ich Sie richtig verstanden habe, möchten Sie ab Montag mit dem Kurs starten, richtig?

Matthias Lux: Ja, aber das war eben noch nicht ganz ____________.

Frau Lift: Also, ich habe hier im Computer ______ _______________, dass Sie ab Montag um neun Uhr beginnen können.

Matthias Lux: Wirklich? Dann __________ das also?

Frau Lift: Ja, wir haben eine Lehrkraft gefunden, die den Unterricht übernimmt. Wenn Sie möchten, kann ich Ihnen gern eine schriftliche ____________________ _________________ ____________.

Matthias Lux: Ja, das wäre schön. Meine ______________________ haben Sie ja bereits. Eine Frage noch _______________ der Bezahlung: Kann ich direkt mit Kreditkarte bezahlen oder ist Ihnen eine Überweisung lieber?

Frau Lift: ______ ____________ _________ ___________ ____________________,

wie Sie möchten.

Matthias Lux: Ach, da freue ich mich, dass es jetzt doch noch so schnell geklappt hat.

Frau Lift: Gibt es denn sonst noch Fragen?

Matthias Lux: Nein, _____ ___________ ____________________.

____ _________ _______ _____________ ________

_______. Dann danke ich Ihnen erst mal für Ihre Hilfe.

Frau Lift: Gern, dafür bin ich da. Dann wünsche ich Ihnen einen guten Kursstart.

Matthias Lux: Danke, auf Wiederhören.

Frau Lift: Auf Wiederhören.

▶ 32 1 b) Jetzt sind Sie dran. Hören Sie und wiederholen Sie.

▶ 33 1 c) Hören Sie die Fragen bzw. Sätze und antworten Sie möglichst frei mithilfe der Strukturen aus Übung 1 a) bzw. 1 b).

▶ 31 1 a) Text und Lösung

Matthias Lux hat einen Englischkurs am Spracheninstitut UDT gebucht. Wann genau der Kurs starten soll, war bei seinem letzten Telefonat jedoch noch nicht ganz klar. Aus diesem Grund ruft er jetzt noch einmal an.

Matthias Lux: Wo war jetzt gleich noch mal die Telefonnummer? Ich hatte sie mir doch vorhin schon herausgesucht. ... Ach hier. Also, erst mal die Vorwahl von Berlin, dann 3 57 42 84 56. ... *Besetzt*. ... Dann kann ich ja inzwischen die Nummer schon mal *einspeichern*. ... Gut, dann versuche ich es noch mal. ... Super, jetzt ist frei. ... Wieso *hebt* denn da niemand *ab*? Gerade war doch noch *belegt*! ... Also, einmal versuche ich es jetzt noch, wenn dann niemand *rangeht*, lass ich es ...

Frau Bunt: Technoport, guten Tag. Sie sprechen mit Frau Bunt, wie kann ich Ihnen helfen?

Matthias Lux: Oh, mit wem spreche ich da? Eigentlich wollte ich mit Frau Lechmann vom UDT Spracheninstitut sprechen.

Frau Bunt: Tut mir leid, Sie sind mit der Firma Technoport *verbunden*.

Matthias Lux: Ach, dann habe ich mich wohl *verwählt*. Bitte entschuldigen Sie die *Störung*.

Frau Bunt: Kein Problem. Auf Wiederhören.

Matthias Lux: Auf Wiederhören. ... Komisch, da muss ich mich irgendwie *vertippt* haben. Also, noch mal: Vorwahl, dann 3 57 42 84 56. Mal sehen ...

Frau Lift: UDT Spracheninstitut, Frau Lift, guten Tag?

Matthias Lux: Äh, Matthias Lux mein Name. Bin ich da richtig beim UDT Spracheninstitut?

Frau Lift: Ja, da sind Sie genau richtig. *Wie kann ich Ihnen helfen*?

Matthias Lux: Ich wollte eigentlich mit Frau Lechmann sprechen. Könnten Sie mich bitte mit ihr *verbinden*? Ich hatte bereits letzte Woche mit ihr telefoniert und wir wollten uns noch einmal *kurzschließen* wegen einiger *Unklarheiten*.

Frau Lift: Frau Lechmann ist zurzeit nicht *im Haus*. Sie ist bis übermorgen auf einer *Fortbildung*. Aber vielleicht kann ich Ihnen ja *weiterhelfen*. Worum *geht es denn genau*?

Matthias Lux: Ach, das ist jetzt natürlich blöd. Sie hatte mir eigentlich *zugesagt*, mich heute *zurückzurufen*.

Frau Lift: Das tut mir leid. Wie gesagt, vielleicht kann ich Ihnen ja auch weiterhelfen. Ansonsten kann ich Frau Lechmann auch eine Nachricht *hinterlassen*, dass Sie angerufen haben. Ab Montag ist sie wieder an ihrem *Platz* und dann wird sie sich sicherlich so schnell wie möglich mit Ihnen *in Verbindung setzen*.

Matthias Lux: Montag ist leider zu spät! Ich bräuchte bis heute Nachmittag die *endgültige Zusage*, dass mein Individualkurs wirklich stattfindet, außerdem hätte ich noch gern *eine Auskunft über* die genauen Unterrichtszeiten.

Frau Lift: *Was das betrifft*, da kann ich Ihnen auch helfen. Für die Kursorganisation bin ich gemeinsam mit Frau Lechmann *zuständig*. Wenn ich Sie richtig verstanden habe, möchten Sie ab Montag mit dem Kurs starten, richtig?

Matthias Lux: Ja, aber das war eben noch nicht ganz *geklärt*.

Frau Lift: Also, ich habe hier im Computer *den Vermerk*, dass Sie ab Montag um neun Uhr beginnen können.

Matthias Lux: Wirklich? Dann *klappt* das also?

Frau Lift: Ja, wir haben eine Lehrkraft gefunden, die den Unterricht übernimmt. Wenn Sie möchten, kann ich Ihnen gern eine schriftliche *Bestätigung zukommen lassen*.

Matthias Lux: Ja, das wäre schön. Meine *Kontaktdaten* haben Sie ja bereits. Eine Frage noch *bezüglich* der Bezahlung: Kann ich direkt mit Kreditkarte bezahlen oder ist Ihnen eine Überweisung lieber?

Frau Lift: *Das bleibt ganz Ihnen überlassen*, wie Sie möchten.

Matthias Lux: Ach, da freue ich mich, dass es jetzt doch noch so schnell geklappt hat.

Frau Lift: Gibt es denn sonst noch Fragen?

Matthias Lux: Nein, *das war's eigentlich. So weit ist sonst alles klar*. Dann danke ich Ihnen erst mal für Ihre Hilfe.

Frau Lift: Gern, dafür bin ich da. Dann wünsche ich Ihnen einen guten Kursstart.

Matthias Lux: Danke, auf Wiederhören.

Frau Lift: Auf Wiederhören.

▶ 32 **1 b) Text**

1. Ich hatte sie mir doch vorhin schon herausgesucht.
2. Dann kann ich ja inzwischen die Nummer schon mal einspeichern.
3. Wenn dann niemand rangeht, lass ich es.
4. Ach, dann habe ich mich wohl verwählt. Bitte entschuldigen Sie die Störung.
5. Bin ich da richtig beim UDT Spracheninstitut?
6. Könnten Sie mich bitte mit ihr verbinden?
7. Wir wollten uns noch einmal kurzschließen wegen einiger Unklarheiten.
8. Worum geht es denn genau?
9. Sie hatte mir eigentlich zugesagt, mich heute zurückzurufen.
10. Ansonsten kann ich Frau Lechmann auch eine Nachricht hinterlassen.
11. Dann wird sie sich sicherlich so schnell wie möglich mit Ihnen in Verbindung setzen.
12. Ich hätte noch gerne eine Auskunft über die genauen Unterrichtszeiten.
13. Was das betrifft, kann ich Ihnen auch helfen.
14. Dann klappt das also?
15. Wenn Sie möchten, kann ich Ihnen gern eine schriftliche Bestätigung zukommen lassen.
16. Das bleibt ganz Ihnen überlassen, wie Sie möchten.
17. Das war's eigentlich. So weit ist sonst alles klar.

▶ 33 **1 c) Text und Lösung**

1. Äh, Matthias Lux mein Name. Bin ich da richtig beim UDT Spracheninstitut?
   Ja, da sind Sie genau richtig. Wie kann ich Ihnen helfen?
2. Ich wollte eigentlich mit Frau Lechmann sprechen. Könnten Sie mich bitte mit ihr verbinden?
   Frau Lechmann ist zurzeit nicht im Haus. Aber vielleicht kann ich Ihnen ja weiterhelfen? Worum geht es denn genau?
3. Ach, das ist jetzt natürlich blöd. Sie hatte mir eigentlich zugesagt, mich heute zurückzurufen.
   Ich kann Frau Lechmann auch eine Nachricht hinterlassen, dass Sie angerufen haben.
4. Ich hätte noch gern eine Auskunft über die genauen Unterrichtszeiten.
   Was das betrifft, da kann ich Ihnen auch helfen. Für die Kursorganisation bin ich gemeinsam mit Frau Lechmann zuständig.
5. Wirklich? Dann klappt das also?
   Wenn Sie möchten, kann ich Ihnen gern eine schriftliche Bestätigung zukommen lassen.
6. Kann ich direkt mit Kreditkarte bezahlen oder ist Ihnen eine Überweisung lieber?
   Das bleibt ganz Ihnen überlassen, wie Sie möchten.
7. Gibt es denn sonst noch Fragen?
   Nein, das war's eigentlich. So weit ist sonst alles klar. Dann danke ich Ihnen erst mal für Ihre Hilfe.

F

F2 Ausländische Studierende willkommen!

2 a) Welche Worterklärungen oder Synonyme passen? Verbinden Sie.

1. e Herausforderung, -en
2. e Anlaufschwierigkeit, -en
3. r Kommilitone, -n
4. e Umstellung, -en
5. eigenständig sein
6. straff sein
7. r Belang, -e
8. jdn. betreuen
9. auf sich selbst gestellt sein
10. s Tutorium, Tutorien
11. etwas vermitteln
12. sich etwas beschaffen
13. s Lernpensum
14. etwas unter Beweis stellen
15. sich mit etwas abfinden
16. Da muss man einfach durch!
17. etwas standhalten
18. begehrt sein

a) sich etwas besorgen / sich etwas organisieren
b) etwas unterrichten
c) eine Art praktischer Kurs an der Universität
d) r Mitstudent, -en
e) r Wechsel, - / e Veränderung, -en
f) nicht aufgeben
g) eng geplant, ohne Pausen, gut durchorganisiert
h) s Lernprogramm, -e
i) beliebt sein
j) selbstständig / unabhängig sein
k) etwas zeigen / beweisen
l) ohne die Hilfe von jemand anderem auskommen / leben müssen
m) sich um jemanden kümmern
n) s Bedürfnis, -se / r Wunsch, ¨-e
o) Problem zu Beginn / am Anfang
p) tolerieren / nichts dagegen tun
q) Da gibt es keinen Ausweg / keine Alternative!
r) e Schwierigkeit, -en / s Problem, -e

1.	2.	3.	4.	5.	6.	7.	8.	9.	10.	11.	12.	13.	14.	15.	16.	17.	18.
r																	

▶ 34 **2 b) Hören Sie das Gespräch einmal. Lesen Sie dann die Sätze unten und kreuzen Sie an: richtig oder falsch?**

	richtig	falsch
1. Damit neue Entwicklungen entstehen können, müssen die Universitäten sich mehr für ausländische Studierende öffnen.	☒	☐
2. Ausländische Studierende haben oft andere Lernmethoden als deutsche Studierende.	☐	☐
3. An deutschen Universitäten steht das Auswendiglernen im Vordergrund.	☐	☐
4. Die Hörsäle sind oft so voll, dass die Studierenden nicht dableiben oder nur stehen können.	☐	☐
5. Das Studentenwerk übernimmt viele Aufgaben, die die Professoren nicht mehr schaffen, zum Beispiel die Betreuung der Studierenden.	☐	☐
6. In Kursen werden Ratschläge gegeben, die im Alltag und im Studium nützlich sind.	☐	☐
7. Die Deutschkenntnisse vieler ausländischer Studierender sind nicht ausreichend für ein Studium, daher müssen sie in Vorlesungen beweisen, dass sie Deutsch können.	☐	☐
8. Die Professoren wissen, dass in ihren Kursen ausländische Studierende sind, und sprechen daher langsamer und deutlicher.	☐	☐
9. Frau Heinemann rät den ausländischen Studierenden, möglichst viel Zeit für ihr Studium einzuplanen.	☐	☐
10. Etwa 50 % der ausländischen Studierenden schließen ihr Studium in Deutschland ab.	☐	☐
11. Viele deutsche Studierende können es sich seit 1999 finanziell nicht mehr leisten, im Ausland zu studieren.	☐	☐
12. Für viele deutsche Studierende ist es wichtig, sich im Ausland persönlich weiterzubilden.	☐	☐

▶ 35 **2 c) Jetzt sind Sie dran. Ergänzen Sie zunächst die Antworten. Dann hören Sie die Fragen. Formulieren Sie nun dieselben Antworten noch einmal, möglichst frei.**

1. Welche Unterschiede gibt es eigentlich zwischen einem deutschen Erstsemester und einem ausländischen Erstsemester?
   Ausländische Studierende müssen ihre eigene Methode nicht nur in einem fremden Universitätssystem finden, sondern *bringen* meist aus ihren Heimatländern eine ganz andere *Lernerfahrung* *mit*.

2. Was meinen Sie mit „eine ganz andere Lernerfahrung“?
   Nicht alle sind es gewohnt, ________ ________________________ ______ ____________ in Hausarbeiten ____________________________________.

3. Kümmern sich denn die Professoren um die ausländischen Studierenden?
   Viele Professoren finden bei den überfüllten Hörsälen und straffen Lehrplänen gar keine Zeit mehr, überhaupt für die ____________ der Studierenden ____ _____ ________ und sie zu ______________.

4. Aber gibt es da nicht Unterstützung durch die Universitäten?
   ________________ des Studentenwerks und des Auslandsamtes sind zahlreiche ____________________ __________________.

5. Können Sie uns ein paar konkrete Beispiele nennen?
   Viele Studierende höherer Semester haben sich ____________ erklärt, Tutorien, Einführungsveranstaltungen oder Workshops ______________________, in denen praktische Tipps __________________ werden.

6. Welche Art von praktischen Tipps?
   Zum einen handelt es sich um Tipps für das alltägliche Leben hier, angefangen von Fragen _______ um Visum, Aufenthaltsrecht, Studienfinanzierung usw., zum anderen um Ratschläge zur ______________________ des ____________ ________________.

7. Was können die ausländischen Studierenden denn tun, um ihr Deutsch zu verbessern? Viele haben schon ein recht gutes Einstiegsniveau. Nun geht es darum, diese Kenntnisse in authentischen Situationen im universitären Alltag __________ ________________ ______ ______________. Da hilft ein zusätzlicher Deutschkurs meist nur ________________.

8. Was raten Sie also den Studierenden?
   Sich möglichst früh damit ____________________, dass sie sehr viel Zeit in ihr Studium _____________________ müssen. Das ist zwar anstrengend, ________ ______ ____________ __________ ____________ ...

9. Wie viele halten denn im Durchschnitt diesen hohen Ansprüchen stand?
   ______________________ nach ______________ etwa die Hälfte aller ausländischen Studierenden ihr Studium ____.

10. Und wie steht es eigentlich mit den deutschen Studierenden? Ist ein Auslandsstudium noch immer so begehrt wie früher?
    Seit 1999 ist das Studium sehr straff __________ _____________ _____________________ und lässt vielen Studierenden nicht mehr die Zeit, ein Auslandssemester ____________________.

11. Und dagegen hat man nichts unternommen?
    Doch, es wurden neue Formen von Stipendien ______ ____________ ________________, die zumindest die Kosten für den ______________________________ im Gastland ________________.

12. So ein Jahr im Ausland ist ja auch nicht nur dazu da, um sich fachlich weiterzubilden ...
    Das stimmt, es zählt auch die persönliche Entwicklung, die so ein Aufenthalt im Ausland mit sich ____________, und eine gewisse __________, die man dadurch _____________.

2 a) Lösung

1.	2.	3.	4.	5.	6.	7.	8.	9.	10.	11.	12.	13.	14.	15.	16.	17.	18.
r	o	d	e	j	g	n	m	l	c	b	a	h	k	p	q	f	i

▶ 34 2 b) Text

In der Radiosendung „Campus" geht es heute um das Thema „Internationalisierung der Hochschule". Der Moderator hat dazu einen Gast ins Studio eingeladen.

Moderator: Eine internationale Ausrichtung deutscher Hochschulen ist wichtiger denn je. Der Austausch ist Voraussetzung für Spitzenforschung und Innovation. Daher fördert das deutsche Bundesbildungsministerium die Internationalisierung mit zahlreichen Programmen. Der Erfolg zeigt sich deutlich. Immer mehr ausländische Studierende kommen nach Deutschland, um hier ein Studium zu absolvieren. Auf welche Probleme und Herausforderungen sie dabei stoßen, darüber wollen wir heute mit der Studienbeauftragten Frau Dr. Heinemann vom Auslandsamt der Universität Konstanz sprechen. Guten Tag, Frau Dr. Heinemann. Schön, dass Sie sich Zeit für unser Gespräch genommen haben.

Frau Heinemann: Guten Tag.

Moderator: Frau Dr. Heinemann, welche Unterschiede gibt es eigentlich zwischen einem deutschen Erstsemester und einem ausländischen Erstsemester? Außer den sprachlichen Hürden, nehme ich mal an, dass da ganz ähnliche Anlaufschwierigkeiten bestehen?

Frau Heinemann: Ja, da haben Sie nicht ganz unrecht. Natürlich treffen deutsche Studienanfänger auf ähnliche Schwierigkeiten wie ihre ausländischen Kommilitonen. Doch mal ganz abgesehen von den sprachlichen Hürden, gibt es einen entscheidenden Unterschied: Ausländische Studierende müssen ihre eigene Methode nicht nur in einem fremden Universitätssystem finden, sondern bringen meist aus ihren Heimatländern eine ganz andere Lernerfahrung mit. Dies bedeutet für sie eine enorme Umstellung. Nicht alle sind es gewohnt, sich eigenständig mit Themen in Hausarbeiten auseinanderzusetzen. Hinzu kommt, dass viele Professoren bei den überfüllten Hörsälen und straffen Lehrplänen gar keine Zeit mehr finden, überhaupt für die Belange der Studierenden da zu sein und sie zu betreuen. Die Studierenden sind oft völlig auf sich selbst gestellt und für sich allein verantwortlich. Für ausländische Studierende ist das natürlich eine besonders große Herausforderung.

Moderator: Aber gibt es da nicht Unterstützung durch die Universitäten?

Frau Heinemann: Doch natürlich. Eben aus dem Bewusstsein heraus, dass das Lehrpersonal viele Aufgaben gar nicht mehr übernehmen kann, sind aufseiten des Studentenwerks und des Auslandsamtes zahlreiche Initiativen entstanden. Hinzu kommt, wie bereits erwähnt, dass der Beratungsbedarf bei ausländischen Studierenden deutlich höher ist als bei deutschen Studierenden.

Moderator: Können Sie uns ein paar konkrete Beispiele nennen?

Frau Heinemann: Bei uns in Konstanz – aber das ist an anderen Universitäten ganz ähnlich – haben sich viele Studierende höherer Semester oder auch ehemalige Studierende, sogenannte Alumni, bereit erklärt, Tutorien, Einführungsveranstaltungen oder Workshops durchzuführen, in denen praktische Tipps vermittelt werden. Dabei handelt es sich zum einen um Tipps für das alltägliche Leben hier, angefangen von Fragen rund um Visum, Aufenthaltsrecht, Studienfinanzierung usw., zum anderen um Ratschläge zur Organisation des eigenen Studiums, also, woher beschaffe ich mir die nötigen Bücher, wo kann ich kopieren, wie schaffe ich mein Lernpensum in einer vorgegeben Zeit und vieles mehr.

Moderator: Und wie steht es mit den Deutschkenntnissen? Was können ausländische Studierende denn tun, um ihr Deutsch zu verbessern?

Frau Heinemann: Fast jede Universität und Hochschule in Deutschland hat inzwischen ihr eigenes Sprachenzentrum, wo Deutschkurse angeboten werden. Die meisten ausländischen Studierenden, die auf Deutsch studieren wollen, haben jedoch schon ein recht gutes Einstiegsniveau, das sie durch einen entsprechenden Deutschtest, wie etwa die TestDaF-Prüfung oder die Deutsche Sprachprüfung für den Hochschulzugang (DSH), nachweisen müssen. Nun geht es darum, diese Kenntnisse in authentischen Situationen im universitären Alltag unter Beweis zu stellen, also zum Beispiel bei Vorlesungen zuhören und sich gleichzeitig auch Notizen machen zu können. Die Professoren nehmen während ihrer Kurse ja auch keine Rücksicht auf ausländische Studierende. Da hilft ein zusätzlicher Deutschkurs meist nur begrenzt. Ich kann den Studierenden nur den Rat mitgeben, sich möglichst früh damit abzufinden, dass sie sehr viel Zeit in ihr Studium investieren müssen. Das ist zwar anstrengend, aber da muss man einfach durch ...

Moderator: Das hört sich ja sehr pragmatisch an ...

Frau Heinemann:	Das ist es auch! Die hohe Zahl der ausländischen Studienabbrecher zeigt, dass sich viele nicht bewusst sind, was da eigentlich auf sie zukommt.
Moderator:	Wie viele halten denn im Durchschnitt diesen hohen Ansprüchen stand?
Frau Heinemann:	Schätzungen nach brechen etwa die Hälfte aller ausländischen Studierenden ihr Studium ab.
Moderator:	Und wie steht es eigentlich mit den deutschen Studierenden? Ist ein Auslandsstudium oder zumindest ein Auslandssemester noch immer so begehrt wie früher?
Frau Heinemann:	Seit in Deutschland 1999 durch den sogenannten Bologna-Prozess das Universitätssystem auf Bachelor und Master umgestellt wurde, ist das Studium sehr straff durch Module organisiert und lässt vielen Studierenden nicht mehr die Zeit, ein Auslandssemester einzulegen. Um diese rückläufige Entwicklung der Auslandsmobilität aufzuhalten, wurden jedoch bereits 2010 neue Formen von Stipendien durch verschiedene Organisationen, insbesondere den DAAD (Deutscher Akademischer Austauschdienst), ins Leben gerufen, die zumindest die Kosten für den Lebensunterhalt im Gastland abdecken, damit die Studierenden sich ganz auf das Studium konzentrieren können.
Moderator:	So ein Jahr im Ausland ist ja auch nicht nur dazu da, um sich fachlich weiterzubilden ...
Frau Heinemann:	Da haben Sie recht. Für viele steht natürlich zunächst im Vordergrund, ihr Studium weiterführen zu können und nicht mehrere Monate oder gar ein ganzes Jahr zu verlieren. Aber dennoch zählt auch die persönliche Entwicklung, die so ein Aufenthalt im Ausland mit sich bringt, und eine gewisse Reife, die man dadurch erwirbt.
Moderator:	Und mit dieser Erfahrung bringt man dann vielleicht auch ein besseres Verständnis für seine ausländischen Mitstudenten auf.
Frau Heinemann:	Absolut. Das kann ich nur bestätigen ...
Moderator:	Dann, vielen Dank für Ihren Besuch in unserem Studio.
Frau Heinemann:	Gern.

▶ 34 2 b) Lösung

	richtig	falsch
1. Damit neue Entwicklungen entstehen können, müssen die Universitäten sich mehr für ausländische Studierende öffnen.	☒	☐
2. Ausländische Studierende haben oft andere Lernmethoden als deutsche Studierende.	☒	☐
3. An deutschen Universitäten steht das Auswendiglernen im Vordergrund.	☐	☒
4. Die Hörsäle sind oft so voll, dass die Studierenden nicht dableiben oder nur stehen können.	☐	☒
5. Das Studentenwerk übernimmt viele Aufgaben, die die Professoren nicht mehr schaffen, zum Beispiel die Betreuung der Studierenden.	☒	☐
6. In Kursen werden Ratschläge gegeben, die im Alltag und im Studium nützlich sind.	☒	☐
7. Die Deutschkenntnisse vieler ausländischer Studierender sind nicht ausreichend für ein Studium, daher müssen sie in Vorlesungen beweisen, dass sie Deutsch können.	☐	☒
8. Die Professoren wissen, dass in ihren Kursen ausländische Studierende sind, und sprechen daher langsamer und deutlicher.	☐	☒
9. Frau Heinemann rät den ausländischen Studierenden, möglichst viel Zeit für ihr Studium einzuplanen.	☒	☐
10. Etwa 50 % der ausländischen Studierenden schließen ihr Studium in Deutschland ab.	☒	☐
11. Viele deutsche Studierende können es sich seit 1999 finanziell nicht mehr leisten, im Ausland zu studieren.	☐	☒
12. Für viele deutsche Studierende ist es wichtig, sich im Ausland persönlich weiterzubilden.	☒	☐

▶ 35 2 c) Text und Lösung

1. Welche Unterschiede gibt es eigentlich zwischen einem deutschen Erstsemester und einem ausländischen Erstsemester?
   Ausländische Studierende müssen ihre eigene Methode nicht nur in einem fremden Universitätssystem finden, sondern *bringen* meist aus ihren Heimatländern eine ganz andere *Lernerfahrung mit*.

2. Was meinen Sie mit „eine ganz andere Lernerfahrung"?
   Nicht alle sind es gewohnt, *sich eigenständig mit Themen* in Hausarbeiten *auseinanderzusetzen*.

3. Kümmern sich denn die Professoren um die ausländischen Studierenden?
   Viele Professoren finden bei den überfüllten Hörsälen und straffen Lehrplänen gar keine Zeit mehr, überhaupt für die *Belange* der Studierenden *da zu sein* und sie zu *betreuen*.

4. Aber gibt es da nicht Unterstützung durch die Universitäten?
   Aufseiten des Studentenwerks und des Auslandsamtes sind zahlreiche *Initiativen entstanden*.

5. Können Sie uns mal ein paar konkrete Beispiele nennen?
   Viele Studierende höherer Semester haben sich *bereit* erklärt, Tutorien, Einführungsveranstaltungen oder Workshops *durchzuführen*, in denen praktische Tipps *vermittelt* werden.

6. Welche Art von praktischen Tipps?
   Zum einen handelt es sich um Tipps für das alltägliche Leben hier, angefangen von Fragen *rund* um Visum, Aufenthaltsrecht, Studienfinanzierung usw., zum anderen um Ratschläge zur *Organisation* des *eigenen Studiums*.

7. Was können die ausländischen Studierenden denn tun, um ihr Deutsch zu verbessern?
   Viele haben schon ein recht gutes Einstiegsniveau. Nun geht es darum, diese Kenntnisse in authentischen Situationen im universitären Alltag *unter Beweis zu stellen*. Da hilft ein zusätzlicher Deutschkurs meist nur *begrenzt*.

8. Was raten Sie also den Studierenden?
   Sich möglichst früh damit *abzufinden,* dass sie sehr viel Zeit in ihr Studium *investieren* müssen. Das ist zwar anstrengend, *aber da muss man durch* …

9. Wie viele halten denn im Durchschnitt diesen hohen Ansprüchen stand?
   Schätzungen nach *brechen* etwa die Hälfte aller ausländischen Studierenden ihr Studium *ab*.

10. Und wie steht es eigentlich mit den deutschen Studierenden? Ist ein Auslandsstudium noch immer so begehrt wie früher?
    Seit 1999 ist das Studium sehr straff *durch Module organisiert* und lässt vielen Studierenden nicht mehr die Zeit, ein Auslandssemester *einzulegen*.

11. Und dagegen hat man nichts unternommen?
    Doch, es wurden neue Formen von Stipendien *ins Leben gerufen*, die zumindest die Kosten für den *Lebensunterhalt* im Gastland *abdecken*.

12. So ein Jahr im Ausland ist ja auch nicht nur dazu da, um sich fachlich weiterzubilden …
    Das stimmt, es zählt auch die persönliche Entwicklung, die so ein Aufenthalt im Ausland mit sich *bringt*, und eine gewisse *Reife*, die man dadurch *erwirbt*.

F3 Die Arbeitswelt von morgen

▶ 36 **3 a) Hören Sie den Text einmal. Kreuzen Sie während des Hörens alle Redemittel an, die der Sprecher zur Strukturierung seines Referats benutzt.**

1. In meinem Referat möchte ich daher auf folgende Punkte näher eingehen: … ☒
2. Zunächst … ☐
3. Anschließend möchte ich darauf hinweisen … ☐
4. Als Nächstes geht es um … ☐
5. Im zweiten Teil werde ich dann … ☐
6. Und damit komme ich zum Schluss. ☐
7. Abschließend möchte ich … ☐
8. Ganz am Schluss … ☐
9. Beginnen wir also mit den Merkmalen. ☐
10. Erstens: … ☐
11. Als Erstes ist … ☐
12. Zweitens: … ☐
13. Die zweite Ursache ist … ☐

14. Ein dritter Punkt ist … ☐

15. Letztlich geht es um … ☐

16. In diesem Zusammenhang möchte ich einen letzten Punkt nur kurz erwähnen … ☐

17. Betrachten wir nun im zweiten Teil … ☐

18. Zum Abschluss möchte ich nun noch die Frage aufwerfen … ☐

▶ 36 **3 b) Nun hören Sie den Text noch einmal. Lesen Sie die Fragen und notieren Sie die Antworten in Stichpunkten.**

1. Warum hat sich die Arbeitswelt in den vergangenen Jahren so stark verändert? *(2 Antworten)*

   a) *neue Technologien / Einsatz neuer Technologien*

   b) *Globalisierung / weltweiter Prozess der Globalisierung*

2. Wie kann der Arbeitnehmer auf diese Veränderung positiv reagieren? *(2 Antworten)*

   a) ______________________________

   b) ______________________________

3. Warum kann man die Menge der hergestellten Produkte nicht erhöhen? *(2 Antworten)*

   a) ______________________________

   b) ______________________________

4. Welche globale Veränderung hat Einfluss auf die Kosten bei der Herstellung von Gütern?

   ____

5. Welche Veränderung auf dem Arbeitsmarkt gab es bereits im 19. Jahrhundert?

   ____

6. Warum ist der Dienstleistungssektor so stark?

   ____

7. Warum ist die Arbeit im Dienstleistungssektor für viele attraktiv?

8. Wie arbeiteten die meisten in den 50er-Jahren in Deutschland?

9. Wie arbeiten die meisten seit den 80er-Jahren?

10. Welche Folgen hat dies für die Erwerbsbiographien?

11. Was charakterisiert den Arbeitnehmer von heute? *(2 Antworten)*

a) __________

b) __________

▶ 37 **3 c) Jetzt sind Sie dran. Hören Sie und wiederholen Sie.**

▶ 36 **3 a) Lösung**

1. In meinem Referat möchte ich daher auf folgende Punkte näher eingehen: ... ☒
2. Zunächst ... ☒
3. Anschließend möchte ich darauf hinweisen ... ☐
4. Als Nächstes geht es um ... ☐
5. Im zweiten Teil werde ich dann ... ☒
6. Und damit komme ich zum Schluss. ☐
7. Abschließend möchte ich ... ☒
8. Ganz am Schluss ... ☒
9. Beginnen wir also mit den Merkmalen. ☒
10. Erstens: ... ☐
11. Als Erstes ist ... ☒
12. Zweitens: ... ☐
13. Die zweite Ursache ist ... ☒
14. Ein dritter Punkt ist ... ☒
15. Letztlich geht es um ... ☐
16. In diesem Zusammenhang möchte ich einen letzten Punkt nur kurz erwähnen ... ☒
17. Betrachten wir nun im zweiten Teil ... ☒
18. Zum Abschluss möchte ich nun noch die Frage aufwerfen ... ☒

▶ 36 3 a) Text

Karsten Wind muss heute in seinem Soziologieseminar ein Referat halten.

Professor: Guten Morgen erst einmal. In unserer heutigen Sitzung geht es um unterschiedliche Arbeitsmodelle früher und heute. Wir werden später einige Theorien dazu kennenlernen. Doch zunächst hören wir als Einstieg das Referat von Karsten Wind, der uns einen allgemeinen Überblick über den Wandel der Arbeitswelt in den vergangenen 60 Jahren liefert. Bitte schön, Karsten.

Karsten Wind: Ja, vielen Dank.

Wie bereits von Ihnen angedeutet, unterliegt unsere Arbeitswelt einem generellen Strukturwandel, der sich vor allem seit Beginn des neuen Jahrtausends verstärkt bemerkbar macht. Gründe hierfür sind der Einsatz neuer Technologien und ein intensiver weltweiter Globalisierungsprozess.
Arbeitnehmer und Arbeitnehmerinnen können mit diesen Veränderungen nur dann zurechtkommen, wenn sie sich dem Strukturwandel anpassen und ihre Bildung flexibler gestalten. Das herkömmliche Modell, nach dem eine Ausbildung nur zwischen dem 16. und dem 25. Lebensjahr an Universitäten oder Berufsschulen stattfindet, ist überholt. Heute gilt es, sich lebenslang weiterzubilden.
In meinem Referat möchte ich daher auf folgende Punkte näher eingehen:
Zunächst werde ich die Merkmale des Strukturwandels auf dem deutschen Arbeitsmarkt anhand konkreter Beispiele erläutern. Im zweiten Teil werde ich dann die Folgen dieser Entwicklung ausführlich untersuchen. Abschließend möchte ich dann noch die Frage aufwerfen, was das genau für unsere gegenwärtige Arbeitswelt bedeutet. Ganz am Schluss bleibt dann Zeit für Fragen. Gerne können wir auch noch über offene Punkte diskutieren.
Beginnen wir also mit den Merkmalen. Welche Ursachen liegen dieser Veränderung der Arbeitswelt eigentlich zugrunde?
Als Erstes ist hier die rasante technologische Entwicklung zu nennen: Immer weniger Arbeitszeit wird benötigt, um die gleiche Menge an Gütern herzustellen. Gleichzeitig scheint es jedoch unvorstellbar, das Produktvolumen noch weiter steigern zu können, nicht nur aus technologischen Gründen, sondern aufgrund der Tatsache, dass der Markt an Konsumgütern bereits mehr als gesättigt erscheint.
Die zweite Ursache ist eine globale Veränderung, die sich auf die Produktionskosten auswirkt: Die vergleichsweise geringen Arbeitskosten internationaler Wettbewerber, zum Beispiel einiger Schwellenländer wie Indien und China, erwecken die Sorge, dass die Industrieländer an Stärke verlieren, selbst wenn sie bisher in der Lage waren, qualitativ hochwertigere Produkte herzustellen. Doch diesem Preisdruck werden sie vermutlich nicht mehr lange standhalten können.
Ein dritter Punkt ist eine Veränderung, die sich nicht erst in den letzten zehn Jahren bemerkbar macht, sondern deren Anfänge bereits weit in die Vergangenheit

zurückreichen. Ich spreche von einer Verschiebung innerhalb der Wirtschaftssektoren. Schon Ende des 19. Jahrhunderts hat der industrielle Wirtschaftssektor vor allem den landwirtschaftlichen Sektor in Deutschland zurückgedrängt. Im Laufe des 20. Jahrhunderts gelangte dann der Dienstleistungssektor immer mehr in den Vordergrund. Ursache war vor allem das wachsende Einkommen, das zu einer größeren Nachfrage an Dienstleistungen führte. In diesem Zusammenhang möchte ich einen letzten Punkt nur kurz erwähnen: Mit dem insgesamt steigenden Bildungsniveau wuchs natürlich auch der Wunsch der Beschäftigten nach persönlicher Entfaltung und Selbstbestimmung, was der Dienstleistungssektor mit flexibleren Arbeitszeiten und Arbeitsorten eher begünstigt.
Betrachten wir nun im zweiten Teil die Folgen der genannten Veränderungen, kann man feststellen, dass sie sich vor allem in einem Wandel der Arbeitsformen widerspiegeln. Galt es in den ersten Jahren der Bundesrepublik vorwiegend für den männlichen Teil der arbeitenden Bevölkerung noch als normal, in einem unbefristeten, auf Dauer angelegten Arbeitsverhältnis in Vollzeit zu arbeiten, änderte sich dies bereits in den 80er-Jahren mit der einsetzenden Massenarbeitslosigkeit. Ein Prozess, der bis heute anhält und sich in der Zunahme von Beschäftigungsverhältnissen manifestiert, die weder ein existenzsicherndes Einkommen noch stabile Zukunftsaussichten bieten. Zahlen des statistischen Bundesamtes zeigen, dass im Jahre 2014 circa 40 % der Berufstätigen einer befristeten, selbstständigen oder geringfügigen Beschäftigung nachgingen bzw. in Teilzeit oder als Leiharbeiter beschäftigt waren.
Die dargestellte Situation birgt erhebliche Unsicherheiten und fordert die Bereitschaft seitens der Arbeitnehmer zu einem lebenslangen Lernen: Qualifikationen und Berufserfahrungen müssen im Laufe eines Berufslebens viel öfter und schneller auf den neuesten Stand gebracht werden. Viel häufiger als früher kommt es in den Erwerbsbiographien zu Brüchen, die jedoch nicht länger vom Arbeitgeber als ein Defizit angesehen werden, sondern vielmehr als Spiegel gesellschaftlicher Veränderungen: Phasen abhängiger Beschäftigung werden von Phasen einer selbstständigen Beschäftigung oder auch Arbeitslosigkeit abgelöst.
Zum Abschluss möchte ich nun noch die Frage aufwerfen, was diese Entwicklung für unsere gegenwärtige Arbeitswelt bedeutet.
Die Soziologen Günter Voß und Hans Pongratz gingen Ende der 90er-Jahre davon aus, dass der „verberuflichte" Arbeitnehmer, wie sie es nennen, in Zukunft ein Auslaufmodell sein wird. Er wird abgelöst durch einen Arbeitnehmer, der nicht wie bisher seine Arbeitskraft an den Arbeitgeber „verkauft", sondern zu einem Auftragnehmer wird: Er übernimmt alle Risiken, muss sich selbst organisieren, kontrollieren und sein eigenes Arbeitsvermögen immer wieder neu herstellen. Dabei gilt es, alle individuell verwertbaren Potenziale zu nutzen, wie finanzielle Ressourcen, persönliche Kontakte, Wohnraum und auch die Arbeitsleistung anderer. Eine Zukunftsvision, die schon längst zur Realität geworden ist.
Erst einmal vielen Dank fürs Zuhören. Gibt es denn jetzt noch Fragen?

F

▶ 36 **3 b) Lösung**

1. a) *neue Technologien / Einsatz neuer Technologien*
   b) *Globalisierung / weltweiter Prozess der Globalisierung*

2. a) *anpassen an Strukturwandel*
   b) *Bildung flexibler gestalten*

3. a) *aus technologischen Gründen*
   b) *Konsummarkt gesättigt / schon genug Konsumgüter vorhanden*

4. *geringe Kosten internationaler Wettbewerber / Konkurrenz produziert billiger*

5. *eine Verschiebung der Wirtschaftssektoren / Dienstleistungssektor wird stärker und Landwirtschaftssektor wird schwächer*

6. *steigendes Einkommen und größere Nachfrage*

7. *flexiblere Arbeitszeiten und Arbeitsorte*

8. *unbefristetes Arbeitsverhältnis / in Vollzeit*

9. *befristetes Arbeitsverhältnis / selbstständig / geringfügig beschäftigt / Teilzeit*

10. *Brüche / lebenslanges Lernen ist wichtig / Qualifikationen müssen erneuert werden*

11. a) *wird zum Auftragnehmer*
    b) *übernimmt selbst das Risiko / muss sich selbst organisieren / finanzieren*

▶ 37 3 c) Text

1. Arbeitnehmerinnen und Arbeitnehmer können mit diesen Veränderungen nur dann zurechtkommen, wenn sie sich dem Strukturwandel anpassen.
2. Das herkömmliche Modell ist überholt.
3. In meinem Referat möchte ich daher auf folgende Punkte näher eingehen ...
4. Zunächst werde ich die Merkmale des Strukturwandels auf dem deutschen Arbeitsmarkt anhand konkreter Beispiele erläutern.
5. Abschließend möchte ich dann noch die Frage aufwerfen, was das genau für unsere gegenwärtige Arbeitswelt bedeutet.
6. Welche Ursachen liegen dieser Veränderung der Arbeitswelt eigentlich zugrunde?
7. Der Markt an Konsumgütern erscheint bereits mehr als gesättigt.
8. Die zweite Ursache ist eine globale Veränderung, die sich auf die Produktionskosten auswirkt.
9. Doch diesem Preisdruck werden sie vermutlich nicht mehr lange standhalten können.
10. Ein dritter Punkt ist eine Veränderung, die sich nicht erst in den letzten zehn Jahren bemerkbar macht, sondern deren Anfänge bereits weit in die Vergangenheit zurückreichen.
11. Im Laufe des 20. Jahrhunderts gelangte dann der Dienstleistungssektor immer mehr in den Vordergrund.
12. Mit dem insgesamt steigenden Bildungsniveau wuchs der Wunsch der Beschäftigten nach persönlicher Entfaltung und Selbstbestimmung.
13. Ein Prozess, der bis heute anhält und sich in der Zunahme von Beschäftigungsverhältnissen zeigt, die weder ein existenzsicherndes Einkommen noch stabile Zukunftsaussichten bieten.
14. Die dargestellte Situation birgt erhebliche Unsicherheiten und fordert die Bereitschaft seitens der Arbeitnehmer zu einem lebenslangen Lernen.
15. Phasen abhängiger Beschäftigung werden von Phasen einer selbstständigen Beschäftigung oder auch Arbeitslosigkeit abgelöst.
16. Der „verberuflichte“ Arbeitnehmer wird in Zukunft ein Auslaufmodell sein.

G Gesellschaft und Politik

G1 Behördengang

▶ 38 **1 a) Hören Sie den Text einmal, dann lesen Sie die Sätze unten. Nun hören Sie den Text noch einmal und kreuzen Sie an: Was ist richtig?**

1. Bettina hilft Mike

   ☐ den Weg zur Behörde zu finden.
   ☐ bei seinen Hausaufgaben für den Deutschkurs.
   ☒ beim Ausfüllen von Formularen.

2. Mike muss auf dem Einwohnermeldeamt seine Adresse angeben,

   ☐ damit seine Freunde alle erfahren, wo er wohnt.
   ☐ um amtlich registriert zu sein.
   ☐ weil die Polizei ihn im Notfall finden muss.

3. Was passiert, wenn Mike sich nicht meldet?

   ☐ Er muss eine Gebühr bezahlen.
   ☐ Er bekommt eine Haftstrafe.
   ☐ Es geschieht nichts.

4. EU-Bürger müssen in Deutschland

   - ☐ viele Formulare ausfüllen.
   - ☐ die Vorschriften nicht so genau einhalten.
   - ☐ weniger Formalitäten erledigen als Nicht-EU-Bürger.

5. Bettina findet es schwierig,

   - ☐ dass viele, die zu ihr kommen, wenig oder gar kein Deutsch sprechen.
   - ☐ dass es in anderen Ländern oft keine vergleichbaren Nachweise für die Dokumente gibt, die man in Deutschland auf der Behörde braucht.
   - ☐ dass sie immer alles erklären muss.

6. Charakteristisch für die Sprache der Verwaltung sind

   - ☐ viele Nomen.
   - ☐ viele Gesetze.
   - ☐ viele Informationen.

7. Die Verwaltung hat ihre eigene Amtssprache, weil die Beamten so

   - ☐ schneller schreiben können.
   - ☐ Informationen komprimiert vermitteln können.
   - ☐ Geld sparen.

8. Mike muss sich nicht nur anmelden, sondern auch noch

   - ☐ eine Aufenthaltsgenehmigung beantragen.
   - ☐ ein Nummernschild besorgen.
   - ☐ seinen Hund registrieren lassen.

9. Mike muss für seinen Hund

   - ☐ Reinigungsgebühren zahlen.
   - ☐ Steuern bezahlen.
   - ☐ einen Tierarzt bezahlen.

▶ 39 **1 b) Jetzt sind Sie dran. Hören Sie und sprechen Sie nach.**

▶ 38 **1 a) Text**

Mike ist Brite und erst seit Kurzem in Deutschland. Er muss nun einige Formalitäten erledigen und bittet eine Bekannte, die in einer Behörde arbeitet, ihm dabei zu helfen.

Mike: Bettina, ich bin wirklich froh, dass du mir bei den Formularen hilfst. Ich habe noch nicht so richtig verstanden, was ich eigentlich machen muss. Das ist ganz schön kompliziert bei euch hier. Und die vielen langen Wörter verstehe ich auch nicht.

Bettina: Warst du denn schon auf dem Einwohnermeldeamt?

Mike: Wo?

Bettina: Auf dem Einwohnermeldeamt. Dort musst du deine Adresse angeben. Damit du polizeilich gemeldet bist, wie es in der Amtssprache heißt.

Mike: Aber warum muss die Polizei wissen, wo ich wohne?

Bettina: Nicht wirklich die Polizei. Die Behörde, der Staat muss wissen, wo du wohnst. Damit du registriert bist. Gibt es denn keine Meldepflicht bei euch?

Mike: Nein, soweit ich weiß, nicht.

Bettina: Hier in Deutschland bist du verpflichtet, dich innerhalb einer bestimmten Frist anzumelden. Wenn du das nicht tust, musst du mit einer Geldstrafe rechnen.

Mike: Aber wer soll denn herausfinden, dass ich nicht gemeldet bin?

Bettina: Auf deinem Ausweis wird deine Adresse vermerkt. Es wäre zum Beispiel möglich, dass du in eine Polizeikontrolle gerätst und deinen Ausweis vorzeigen musst. Die Beamten prüfen dann, ob du gemeldet bist. Wenn nicht, ist das eine Straftat.

Mike: Das ist aber streng.

Bettina: Na ja, sich auf der Meldebehörde registrieren zu lassen, bedeutet ja wirklich nicht so viel Aufwand. Das hast du schnell hinter dir. Außerdem hast du es als Bürger eines EU-Staates noch relativ leicht. Da sind die Vorschriften nicht so streng. Was sollen da erst Leute sagen, die aus einem Nicht-EU-Staat kommen. Ich sag dir, was die alles für Papierkram auf sich nehmen müssen, um überhaupt in Deutschland bleiben zu dürfen …

Mike: Aber wie machen die das denn? Ich dachte eigentlich immer, dass ich schon relativ gut Deutsch kann, aber auf diesen Formularen hier verstehe ich wirklich nur die Hälfte. Wie schwierig muss das dann erst sein, wenn man nur wenig oder gar kein Deutsch spricht.

Bettina: Also, wenn du gar kein Deutsch kannst, dann gibt es immer auch Dolmetscher, die dir alles übersetzen. Und wenn du nur wenig Deutsch sprichst, dann sind wir netten Verwaltungsbeamtinnen immer gern bereit, dir alles so einfach wie möglich zu erklären. Was ich viel schwieriger finde, ist, dass es in anderen Ländern ja oft gar keine Entsprechungen für die Bescheinigungen, Nachweise oder Dokumente gibt, die wir hier zur Bearbeitung der unterschiedlichsten Anträge verlangen.

Mike: Gut, das ist dann wieder ein anderes Problem. Aber noch mal zurück zu der Amtssprache, wie du es nennst: Wieso kann man es denn nicht von vornherein einfacher formulieren?

Bettina: Das kommt daher, dass die Sprache der Verwaltung ja auch eine juristische Sprache ist, also eine Sprache der Gesetze. Und die juristische Sprache will und soll natürlich sehr sachlich sein. Daher gibt es relativ viele abstrakte Begriffe und generell viele Substantive, weil man so Informationen kurz und präzise vermitteln kann. Außerdem lässt sich so ökonomischer formulieren. Aber du hast schon recht: Natürlich wirkt alles dadurch sehr schwerfällig. Wir haben früher zum Beispiel immer Postkarten verschickt, auf denen stand: „Wir bitten Sie, die Abholung Ihres Fernsprechverzeichnisses vorzunehmen."

Mike: Und das heißt?

Bettina: Das heißt ganz einfach: „Holen Sie bitte Ihr neues Telefonbuch ab."

Mike: Aha.

Bettina: Aber nachdem heute sowieso niemand mehr ein Telefonbuch benutzt, gibt es auch diesen schönen Satz nicht mehr ...

Mike: Ist nicht wirklich schade drum.

Bettina: Also, was musst du dann noch machen? Hast du ein Auto?

Mike: Nein.

Bettina: Gut. Ansonsten hättest du das auch noch anmelden müssen, dann hättest du eventuell ein neues Nummernschild gebraucht ...

Mike: Da habe ich noch mal Glück gehabt. Was noch?

Bettina: Lass mal überlegen: Eine Aufenthaltsgenehmigung brauchst du nicht, weil du EU-Bürger bist ... Beim Finanzamt und bei der Krankenkasse wirst du direkt über deinen Arbeitgeber gemeldet ... Ach so, du hast doch einen Hund! Den musst du anmelden.

Mike: Jetzt machst du aber Witze!

Bettina: Nein, ernsthaft. Du bist verpflichtet, deinen Hund innerhalb von zwei Wochen nach Umzug oder Anschaffung steuerlich anzumelden. Das kannst du aber direkt mit deiner eigenen Anmeldung zusammen erledigen. Danach erhältst du dann einen Steuerbescheid und eine aktuelle Hundesteuermarke.

Mike: Steuerbescheid? Ich glaub dir kein Wort! Du nimmst mich auf den Arm. Ich bezahle doch keine Steuern für meinen Hund!

Bettina: Na klar! Er macht ja auch die Stadt schmutzig. Und die Grünanlagen.

Mike: Die was?

Bettina: Die Wiesen. Den Park.

Mike: Muss ich dann für mein Fahrrad auch Steuern zahlen? Und für den Kinderwagen?

Bettina: Die sind bisher noch steuerfrei. Aber eine gute Idee. Könnte ich ja mal bei mir auf der Behörde anregen ...

1 a) Lösung

1. Bettina hilft Mike

- ☐ den Weg zur Behörde zu finden.
- ☐ bei seinen Hausaufgaben für den Deutschkurs.
- ☒ beim Ausfüllen von Formularen.

2. Mike muss auf dem Einwohnermeldeamt seine Adresse angeben,

- ☐ damit seine Freunde alle erfahren, wo er wohnt.
- ☒ um amtlich registriert zu sein.
- ☐ weil die Polizei ihn im Notfall finden muss.

3. Was passiert, wenn Mike sich nicht meldet?

- ☒ Er muss eine Gebühr bezahlen.
- ☐ Er bekommt eine Haftstrafe.
- ☐ Es geschieht nichts.

4. EU-Bürger müssen in Deutschland

- ☐ viele Formulare ausfüllen.
- ☐ die Vorschriften nicht so genau einhalten.
- ☒ weniger Formalitäten erledigen als Nicht-EU-Bürger.

5. Bettina findet es schwierig,

- ☐ dass viele, die zu ihr kommen, wenig oder gar kein Deutsch sprechen.
- ☒ dass es in anderen Ländern oft keine vergleichbaren Nachweise für die Dokumente gibt, die man in Deutschland auf der Behörde braucht.
- ☐ dass sie immer alles erklären muss.

6. Charakteristisch für die Sprache der Verwaltung sind

- ☒ viele Nomen.
- ☐ viele Gesetze.
- ☐ viele Informationen.

7. Die Verwaltung hat ihre eigene Amtssprache, weil die Beamten so

- ☐ schneller schreiben können.
- ☒ Informationen komprimiert vermitteln können.
- ☐ Geld sparen.

8. Mike muss sich nicht nur anmelden, sondern auch noch

- ☐ eine Aufenthaltsgenehmigung beantragen.
- ☐ ein Nummernschild besorgen.
- ☒ seinen Hund registrieren lassen.

9. Mike muss für seinen Hund

- ☐ Reinigungsgebühren zahlen.
- ☒ Steuern bezahlen.
- ☐ einen Tierarzt bezahlen.

▶ 39 **1 b) Text**

1. Auf dem Einwohnermeldeamt musst du deine Adresse angeben, damit du polizeilich gemeldet bist.
2. Hier in Deutschland bist du verpflichtet, dich innerhalb einer bestimmten Frist anzumelden.
3. Auf deinem Ausweis wird deine Adresse vermerkt.
4. Sich auf der Meldebehörde registrieren zu lassen, bedeutet ja wirklich nicht so viel Aufwand. Das hast du schnell hinter dir.
5. Was die alles für Papierkram auf sich nehmen müssen, um überhaupt in Deutschland bleiben zu dürfen.
6. In anderen Ländern gibt es oft gar keine Entsprechungen für die Bescheinigungen, Nachweise oder Dokumente, die wir hier zur Bearbeitung der unterschiedlichsten Anträge verlangen.
7. Außerdem lässt sich so ökonomischer formulieren. Aber du hast schon recht: Natürlich wirkt alles dadurch sehr schwerfällig.
8. Ist nicht wirklich schade drum.
9. Da habe ich noch mal Glück gehabt.
10. Du bist verpflichtet, deinen Hund innerhalb von zwei Wochen nach Umzug oder Anschaffung steuerlich anzumelden.
11. Steuerbescheid? Ich glaub dir kein Wort! Du nimmst mich auf den Arm.
12. Könnte ich ja mal anregen …

G2 Ehrenamtliches Engagement

▶ 40 **2 a) Hören Sie das Gespräch einmal. Lesen Sie dann die Sätze unten und kreuzen Sie an: richtig oder falsch?**

	richtig	falsch
1. Ehrenamtliche sind Menschen, die anderen helfen, ohne dafür Geld zu bekommen.	☒	☐
2. Migranten dürfen nicht als Ehrenamtliche arbeiten.	☐	☐
3. Frau Selçuk hat in Deutschland 25 Jahre lang als Ingenieurin, dann als Verkäuferin gearbeitet.	☐	☐
4. Frau Selçuk hat sich erst ehrenamtlich engagiert, nachdem sie arbeitslos wurde.	☐	☐
5. Frau Selçuk hat das Gefühl, sowohl für sich als auch für die Gesellschaft etwas zu tun.	☐	☐
6. Seit der sogenannten „Flüchtlingskrise“ gibt es in Deutschland Kinder und Jugendliche mit Migrationshintergrund.	☐	☐
7. Frau Selçuks Unterstützung wird von ihren deutschen Kollegen und Kolleginnen eher angenommen.	☐	☐
8. Bei der Münchner Organisation „Tatendrang“ gibt es wenige Migranten.	☐	☐
9. Das Projekt „InterEsse“ wurde von der Agentur initiiert, um mehr über Migranten zu erfahren.	☐	☐

	richtig	falsch
10. Ehrenamtliche Migranten arbeiten nicht ausschließlich mit Kindern und Jugendlichen.	☐	☐
11. Männer arbeiten weniger als Ehrenamtliche, weil sie die Arbeit nicht so spannend finden.	☐	☐
12. Mädchen engagieren sich sehr stark, weil es ihre persönliche Vorliebe ist.	☐	☐

▶ 41 **2 b) Jetzt sind Sie dran. Ergänzen Sie zunächst die Antworten. Dann hören Sie die Fragen. Formulieren Sie nun dieselben Antworten noch einmal, möglichst frei.**

1. Was ist eigentlich ein Ehrenamtlicher?

   Ein Ehrenamtlicher ist ein Mensch, der sich *unentgeltlich* für einen guten Zweck *einsetzt*, z. B. um anderen *Menschen* zu helfen.

2. Was macht die Münchner Organisation „Tatendrang"?

   Sie ________________ seit 1980 Interessentinnen und Interessenten ____ soziale, kulturelle oder ökologische Projekte __________.

3. Wie empfindet Frau Selçuk ihre Arbeit als Ehrenamtliche?

   Ihre Arbeit ________________ sie sehr und am Ende des Tages hat sie das Gefühl, wirklich etwas _______________ und _________ getan zu haben.

4. In welchem Projekt engagiert sie sich gegenwärtig?

   Das Projekt, in dem sich Frau Selçuk zurzeit engagiert, will Kindern und Jugendlichen mit ____________________________________ die Integration ___________________.

5. Was hilft ihr bei ihrer Arbeit?

   Ihr mehrsprachiger ___________________ und ihre persönliche _______________ als Migrantin.

G

6. Gibt es bei der Münchner Organisation viele Migranten?

   Bei der Münchner Freiwilligenorganisation „Tatendrang“ ist Frau Selçuk keine

   ______________________________.

7. Was war das Ziel des Projekts „InterEsse“?

   Sich besser kennenzulernen und auch Migranten die ehrenamtliche Arbeit

   ______________________.

8. Was spürt Frau Selçuk bei älteren Migrantinnen?

   Eine ______________________, eine ______________________,

   sich unter die Deutschen zu mischen.

9. Gibt es viele Männer unter den Ehrenamtlichen? Warum? / Warum nicht?

   Was die Männer ____________: Da gibt es noch ______________________.

   Sie sind ___ ____________________ beruflich doch stärker

   ________________.

10. Welches Klischee besteht in Bezug auf Jugendliche?

    Dass sie sich nur noch für ihre persönlichen ______________ interessieren.

▶ 40 **2 a) Text**

In einer Radiosendung geht es heute um das Thema „Ehrenamtliches Engagement in Deutschland“. Der Moderator hat dazu einen Gast eingeladen.

Moderator: Längst sind sie in vielen Bereichen des gesellschaftlichen Lebens in Deutschland unentbehrlich geworden: die vielen Ehrenamtlichen. Menschen, die sich unentgeltlich, also ohne dabei etwas zu verdienen, dafür einsetzen, anderen Mitbürgern zu helfen: etwa bei der freiwilligen Feuerwehr, in der Kirchengemeinde oder im Sportverein ... Was allerdings nur wenige wissen: Auch viele Migranten bekleiden zunehmend diese Ehrenämter. Die Münchner Organisation „Tatendrang“ ist Deutschlands älteste Freiwilligen-Agentur und vermittelt seit 1980 Interessentinnen und Interessenten an soziale, kulturelle oder ökologische Projekte weiter. Heute haben wir Frau Gül Selçuk im Studio zu Gast. Die gebürtige Türkin arbeitet bereits seit einigen Jahren für die Münchner Organisation. Guten Tag, Frau Selçuk.

Frau Selçuk: Guten Tag.

Moderator: Sie haben ja in Ihrem Heimatland eigentlich Ingenieurwissenschaften studiert. Nun arbeiten Sie aber als Ehrenamtliche in einem ganz anderen Bereich. Können Sie uns kurz erzählen, wie Sie dazu gekommen sind?

Frau Selçuk: Ja, wie Sie schon gesagt haben, bin ich eigentlich von meiner Ausbildung her Ingenieurin. Als ich jedoch vor mittlerweile 25 Jahren nach Deutschland kam, wurde mir mein Abschluss hier nicht anerkannt, so habe ich über 15 Jahre als Verkäuferin gearbeitet. Dann wurde ich plötzlich arbeitslos. Und irgendwie war ich dann auch zu alt, um noch mal etwas ganz Neues anzufangen. Ich hatte mich vorher auch schon ehrenamtlich engagiert, hatte aber während meiner Berufstätigkeit nicht so viel Zeit dafür. Nun habe ich das soziale Engagement quasi zu meinem Hauptberuf gemacht. Zum Glück verdient mein Mann ganz gut, deshalb waren wir nicht auf mein zusätzliches Einkommen angewiesen. Ich bin wirklich sehr glücklich darüber, mich dafür entschieden zu haben. Das hat mich auch aus meiner Isolation als Arbeitslose herausgeholt. Meine jetzige Arbeit befriedigt mich sehr und ich habe am Ende des Tages immer das Gefühl, wirklich etwas Nützliches und Gutes getan zu haben. Nicht nur für mich persönlich, sondern auch für die Gemeinschaft.

Moderator: In welchem Projekt engagieren Sie sich denn gegenwärtig?

Frau Selçuk: Ich engagiere mich derzeit vor allem in der Schülerhilfe. Es gibt ja in Deutschland sehr viele Kinder und Jugendliche mit Migrationshintergrund, nicht erst seit dem Sommer 2015 und der sogenannten „Flüchtlingskrise“. Viele dieser Kinder benötigen nicht nur Unterstützung beim Erlernen der Sprache, wir wollen ihnen auch die Integration erleichtern. Da hilft mir natürlich nicht nur mein mehrsprachiger Hintergrund, sondern auch meine persönliche Erfahrung als Migrantin. Ich habe schon oft erlebt, dass es mir leichter fällt als meinen deutschen Kollegen, mit den Eltern dieser Kinder zu sprechen und ihnen verständlich zu machen, warum es für ihre Kinder wichtig ist, mit deutschen Kindern in Kontakt zu kommen. Oft wird meine Hilfe in solchen Situationen eher angenommen als die meiner deutschen Kollegen.

Moderator: Würden Sie denn sagen, dass Sie mit Ihrem Migrationshintergrund unter den Ehrenamtlichen eher eine Ausnahme darstellen?

Frau Selçuk: Bei der Münchner Freiwilligenorganisation „Tatendrang“ bin ich keine Ausnahmeerscheinung. Bereits 2011 hatten immerhin zehn Prozent der weitervermittelten Ehrenamtlichen einen Migrationshintergrund. Grund dafür war aber auch ein besonderes Projekt, mit dem Menschen aus unterschiedlichen Kulturen angesprochen werden sollten. Das Projekt hieß „InterEsse“ und stand unter dem Motto: „Integration durch Engagement“.

Ziel war dabei, sich besser kennenzulernen und auch Migranten die ehrenamtliche Arbeit näherzubringen. Aber auch die Agentur selbst wollte dadurch vermehrt interkulturelle Erfahrungen sammeln, um ihre Beratungsarbeit zu verbessern und Migranten leichter vermitteln zu können.

Moderator: Arbeiten Ehrenamtliche mit Migrationshintergrund denn dann ausschließlich im Bereich Sprache und Integration?

Frau Selçuk: Nein, nicht unbedingt. Natürlich gibt es in diesem Bereich aktuell einen großen Bedarf. Aber Sie dürfen nicht vergessen, dass ja sehr viele Migranten in Deutschland leben, die längst aus dem Schulalter heraus sind, Migranten und Migrantinnen, die um die 50, 60 sind, die mehr als ihr halbes Leben in Deutschland verbracht haben und dennoch abseits der deutschen Gesellschaft leben. Mit „abseits" meine ich gar nicht unbedingt in einer Parallelgesellschaft. Aber ich spüre gerade bei älteren Migrantinnen so eine Schüchternheit, eine Zurückhaltung, sich unter die Deutschen zu mischen. Viele Ehrenamtliche mit Migrationshintergrund sind zum Beispiel auch in der Altenpflege tätig, bei armen Rentnern oder Alleinerziehenden.

Moderator: Und wie steht es mit dem Engagement seitens der Männer? Und der jüngeren Menschen?

Frau Selçuk: Also, was die Männer betrifft: Da haben wir noch Nachholbedarf. Das liegt aber vermutlich daran, dass die Männer im Durchschnitt beruflich doch stärker eingespannt sind. Jugendliche und junge Menschen hingegen, vor allem Mädchen, erlebe ich hier in Deutschland als sehr engagiert. Das weit verbreitete Klischee, dass sich Jugendliche nur noch für ihre persönlichen Vorlieben interessieren, kann ich absolut nicht bestätigen.

Moderator: Dann danke ich Ihnen herzlich für das Gespräch. Und wenn Sie, liebe Zuhörerinnen und Zuhörer, nun Lust darauf bekommen haben, sich auch ehrenamtlich zu engagieren: Sie finden eine Liste mit den unterschiedlichsten Hilfsorganisationen auf unserer Homepage.

▶ 40 **2 a) Lösung**

	richtig	falsch
1. Ehrenamtliche sind Menschen, die anderen helfen, ohne dafür Geld zu bekommen.	☒	☐
2. Migranten dürfen nicht als Ehrenamtliche arbeiten.	☐	☒
3. Frau Selçuk hat in Deutschland 25 Jahre lang als Ingenieurin, dann als Verkäuferin gearbeitet.	☐	☒
4. Frau Selçuk hat sich erst ehrenamtlich engagiert, nachdem sie arbeitslos wurde.	☐	☒
5. Frau Selçuk hat das Gefühl, sowohl für sich als auch für die Gesellschaft etwas zu tun.	☒	☐
6. Seit der sogenannten „Flüchtlingskrise“ gibt es in Deutschland Kinder und Jugendliche mit Migrationshintergrund.	☐	☒
7. Frau Selçuks Unterstützung wird von ihren deutschen Kollegen und Kolleginnen eher angenommen.	☐	☒
8. Bei der Münchner Organisation „Tatendrang“ gibt es wenige Migranten.	☐	☒
9. Das Projekt „InterEsse“ wurde von der Agentur initiiert, um mehr über Migranten zu erfahren.	☒	☐
10. Ehrenamtliche Migranten arbeiten nicht ausschließlich mit Kindern und Jugendlichen.	☒	☐
11. Männer arbeiten weniger als Ehrenamtliche, weil sie die Arbeit nicht so spannend finden.	☐	☒
12. Mädchen engagieren sich sehr stark, weil es ihre persönliche Vorliebe ist.	☐	☒

G

▶ 41 **2 b) Text und Lösung**

1. Was ist eigentlich ein Ehrenamtlicher?
   Ein Ehrenamtlicher ist ein Mensch, der sich *unentgeltlich* für einen guten Zweck *einsetzt*, z. B. um anderen *Menschen* zu helfen.
2. Was macht die Münchner Organisation „Tatendrang"?
   Sie *vermittelt* seit 1980 Interessentinnen und Interessenten *an* soziale, kulturelle oder ökologische Projekte *weiter.*
3. Wie empfindet Frau Selçuk ihre Arbeit als Ehrenamtliche?
   Ihre Arbeit *befriedigt* sie sehr und am Ende des Tages hat sie das Gefühl, wirklich etwas *Nützliches* und *Gutes* getan zu haben.
4. In welchem Projekt engagiert sie sich gegenwärtig?
   Das Projekt, in dem sich Frau Selçuk zurzeit engagiert, will Kindern und Jugendlichen mit *Migrationshintergrund* die Integration *erleichtern*.
5. Was hilft ihr bei ihrer Arbeit?
   Ihr mehrsprachiger *Hintergrund* und ihre persönliche *Erfahrung* als Migrantin.
6. Gibt es bei der Münchner Organisation viele Migranten?
   Bei der Münchner Freiwilligenorganisation „Tatendrang" ist Frau Selçuk keine *Ausnahmeerscheinung.*
7. Was war das Ziel des Projekts „InterEsse"?
   Sich besser kennenzulernen und auch Migranten die ehrenamtliche Arbeit *näherzubringen*.
8. Was spürt Frau Selçuk bei älteren Migrantinnen?
   Eine *Schüchternheit,* eine *Zurückhaltung*, sich unter die Deutschen zu mischen.
9. Gibt es viele Männer unter den Ehrenamtlichen? Warum? / Warum nicht?
   Was die Männer *betrifft:* Da gibt es noch *Nachholbedarf.* Sie sind *im Durchschnitt* beruflich doch stärker *eingespannt.*
10. Welches Klischee besteht in Bezug auf Jugendliche?
    Dass sie sich nur noch für ihre persönlichen *Vorlieben* interessieren.

G3 Und nun zu den Meldungen ...

3 a) Welche Worterklärungen oder Synonyme passen? Verbinden Sie.

1. sich für etwas aussprechen
2. e Fahndung, -en
3. etwas umsetzen
4. etwas verabschieden (ein Gesetz)
5. etwas ist überfällig
6. e Legislaturperiode, -n
7. etwas im Grundgesetz verankern
8. im Gegenzug
9. ein Urteil verhängen
10. rechtskräftig sein
11. e Verurteilung, -en
12. r Steuerbetrug
13. etwas verwerfen
14. r Einspruch, ¨-e
15. e Rüstung, -en
16. r Umsatz, ¨-e
17. e Pleite, -n
18. einen Kurssturz verzeichnen
19. eine Krise eindämmen
20. verpönt sein

a) e Amtsperiode, -n / e Amtsdauer
b) längst an der Zeit sein
c) etwas in das Grundgesetz hineinschreiben
d) sich positiv zu einem Vorschlag / einer Idee äußern
e) unerwünscht sein
f) ein Urteil bestimmen/anordnen
g) illegalerweise zu wenig oder gar keine Steuern bezahlen
h) etwas ablehnen
i) gültig/wirksam
j) als Ersatz / als Gegenleistung
k) eine Krise bremsen/aufhalten
l) e Jagd / e Suche / e Razzia
m) für gültig erklären
n) e Strafe, -n
o) etwas realisieren
p) r Einwand, ¨-e / s Veto, -s gegenüber einem Urteil
q) alle Formen von Waffen
r) eine Aktie verliert ihren Wert
s) finanzieller Erlös eines Geschäftes
t) e Insolvenz / r Bankrott

1.	2.	3.	4.	5.	6.	7.	8.	9.	10.	11.	12.	13.	14.	15.	16.	17.	18.	19.	20.
d																			

▶ 42 **3 b) Nun hören Sie den Text. Lesen Sie die Fragen und notieren Sie die Antworten in Stichpunkten.**

1. In welcher Form wollen die Innen- und Justizminister der EU enger zusammenarbeiten?

   Informationsaustausch / stärkerer Austausch von Informationen

2. Was fordert der deutsche Innenminister? *(2 Antworten)*

   a) europäisches ______________________

   ____

   b) ______________________

   ____

   ____

3. Was lehnt Angela Merkel ab?

   ____

4. Was darf Silvio Berlusconi nicht mehr, nachdem er verurteilt wurde?

   ____

   ____

5. Was möchte Berlusconi trotzdem machen?

   ____

6. Wie haben sich die Waffenverkäufe der wichtigsten Rüstungshersteller in den letzten vier Jahren verändert?

   ____

7. Was hat der amerikanische Senat beschlossen, um die Finanzkrise zu kontrollieren?

   ____

8. Warum konnten die Rolling Stones auf Kuba noch nie ein Konzert geben?

9. Warum wurde Manuel Beltran von der Tour de France suspendiert?

10. Wie hoch sprang die Stabhochsprung-Olympiasiegerin Jelena Issinbajewa in Rom?

▶ 43 **3 c) Jetzt sind Sie dran. Hören Sie und wiederholen Sie.**

3 a) Lösung

1.	2.	3.	4.	5.	6.	7.	8.	9.	10.	11.	12.	13.	14.	15.	16.	17.	18.	19.	20.
d	l	o	m	b	a	c	j	f	i	n	g	h	p	q	s	t	r	k	e

▶ 42 **3 b) Text**

Und nun zu den Meldungen:

Brüssel: Als Reaktion auf die jüngsten Ereignisse haben sich die EU-Innen- und Justizminister dafür ausgesprochen, verstärkt bei der Terrorfahndung zusammenzuarbeiten. Angestrebt wird in diesem Zusammenhang ein engerer Informationsaustausch über verdächtige Personen. Des Weiteren beabsichtigt die EU-Kommission, konkrete Pläne bezüglich einer Verknüpfung der Datenbanken verschiedener nationaler Sicherheitsbehörden so bald wie möglich umzusetzen. Der deutsche Innenminister Thomas de Maizière appellierte an das Europa-Parlament, das europäische Fluggast-Datenregister schnellstmöglich zu verabschieden. Zudem sei es längst überfällig, ein weiteres Register einzuführen, in dem die Ein- und Ausreise von Besuchern aus Drittstaaten gespeichert werden kann.

Berlin: Die Energieversorgung in Deutschland wird nach Einschätzung von Bundeskanzlerin Angela Merkel auf absehbare Zeit nicht völlig ohne Kernenergie sichergestellt werden können. Die Frage einer Verlängerung der Laufzeiten deutscher Atomkraftwerke werde sich daher bald, spätestens jedoch in der nächsten Legislaturperiode stellen, sagte Merkel der „Welt am Sonntag". Die Kanzlerin lehnte zugleich das Kompromissangebot der SPD ab, im Gegenzug für längere Laufzeiten den Atomausstieg im Grundgesetz zu verankern. Die Frage der Energieversorgung sei keine Frage der Verfassung.

Rom: Das höchste Gericht Italiens hat ein gegen den früheren Ministerpräsidenten Silvio Berlusconi verhängtes Ämterverbot bestätigt. Danach darf der ehemalige Regierungschef nach seiner rechtskräftigen Verurteilung wegen Steuerbetrugs zwei Jahre lang keine öffentlichen Funktionen übernehmen. Das Kassationsgericht verwarf damit einen Einspruch der Anwälte Berlusconis. Letzterer musste bereits den Senat in Rom verlassen, hatte jedoch angekündigt, bei den nächsten Europawahlen als Spitzenmann seiner konservativen Partei „Forza Italia“ antreten zu wollen.

Stockholm: Die Verkäufe der weltweit 100 größten Waffen- und Rüstungshersteller sind im vierten Jahr in Folge zurückgegangen. Wie aus einem Bericht des Stockholmer Friedensforschungsinstituts SIPRI hervorgeht, setzten die Konzerne 2014 insgesamt 365 Milliarden Euro um. Das waren demnach 1,5 Prozent weniger als im Vorjahr. Vor allem die Hersteller in Nordamerika und Westeuropa nahmen 2014 deutlich weniger ein. Entgegen dem Trend stiegen die Umsätze der deutschen Rüstungsunternehmen. Auch russische Konzerne verkauften 2014 deutlich mehr Waffen.

Los Angeles: Im Zuge der Immobilienkrise ist erneut eine Bank in den USA zusammengebrochen. Wegen akuter Liquiditätslücken wurde die kalifornische „Indymac-Bank“ der Kontrolle des staatlichen Einlagensicherungsfonds unterstellt. Die Schließung war durch einen schlagartigen Vertrauensverlust der Kunden mitverursacht worden. Diese hatten seit Januar 1,3 Milliarden Dollar an Einlagen zurückgefordert. Von einer Pleite bedroht sind auch die beiden US-Immobilienfinanzierer „Fannie Mae“ und „Freddie Mac“. Nachdem beide am Freitag einen Kurssturz an der Börse verzeichneten, sagte die Regierung in Washington den Finanzinstituten Unterstützung zu. Als weitere Maßnahme, um die Krise einzudämmen, beschloss der Senat eine Gesetzesvorlage mit staatlichen Garantien im Wert von rund 300 Milliarden Dollar für Immobilienkredite. Damit können verschuldete Eigenheimbesitzer neue Hypotheken aufnehmen und eine eventuell drohende Zwangsvollstreckung verhindern.

Kuba: Zehntausende Menschen haben die Rolling Stones beim ersten Open-Air-Konzert einer britischen Rockband im sozialistischen Kuba begeistert gefeiert. Schon sechs Stunden vor Beginn waren die Tore für das Gratis-Konzert auf einem Sportfeld in der Hauptstadt Havanna geöffnet worden. Die Band um Leadsänger Mick Jagger hatte sich seit Langem um eine Auftrittserlaubnis in Kuba bemüht. Viele Jahre war Rockmusik in Kuba verpönt. Sie wurde unter dem 2006 abgetretenen Revolutionsführer Fidel Castro als dekadentes Symbol des kapitalistischen Lebensstils angesehen.

Zum Sport: Die diesjährige Tour de France hat ihren ersten Doping-Fall. Der Spanier Manuel Beltran wurde nach Angaben der französischen Anti-Doping-Agentur positiv auf das Blutdopingmittel EPO getestet und umgehend von seinem italienischen Rennstall suspendiert. Mit dem Luxemburger Kim Kirchen im Gelben Trikot und dem Deutschen Stefan Schumacher geht die Rundfahrt an diesem Samstag auf die achte Etappe von Figeac nach Toulouse.
Stabhochsprung-Olympiasiegerin Jelena Issinbajewa hat in Rom einen neuen Weltrekord aufgestellt. Die 26-jährige Russin steigerte ihre eigene Bestmarke um zwei Zentimeter auf fünf Meter und drei Zentimeter.

3 b) Lösung

1. *Informationsaustausch / stärkerer Austausch von Informationen*
2. a) *europäisches Fluggast-Datenregister verabschieden*
   b) *weiteres Register einführen, um Reisedaten von Besuchern aus Drittstaaten zu speichern*
3. *das Kompromissangebot der SPD*
4. *für zwei Jahre keine öffentlichen Funktionen übernehmen*
5. *bei der Europawahl antreten*
6. *zurückgegangen / gesunken*
7. *staatliche Garantien*
8. *Rockmusik war verpönt / galt als dekadent / galt als Symbol des Kapitalismus*
9. *Er hat gedopt / wurde positiv getestet bei einem Dopingtest*
10. *fünf Meter und drei Zentimeter*

▶ 43 **3 c) Text**

1. Die Minister haben sich dafür ausgesprochen, verstärkt zusammenzuarbeiten.
2. Angestrebt wird in diesem Zusammenhang ein engerer Informationsaustausch.
3. Eine gemeinsame Datenspeicherung sei längst überfällig.
4. Die Energieversorgung in Deutschland wird nach Einschätzung von Bundeskanzlerin Angela Merkel nicht völlig ohne Kernenergie sichergestellt werden können.
5. Nach seiner rechtskräftigen Verurteilung wegen Steuerbetrugs darf Silvio Berlusconi zwei Jahre lang keine öffentlichen Funktionen übernehmen.
6. Das Kassationsgericht verwarf einen Einspruch seiner Anwälte.
7. Die Verkäufe der weltweit 100 größten Waffen- und Rüstungshersteller sind im vierten Jahr in Folge zurückgegangen.
8. Entgegen dem Trend stiegen die Umsätze der deutschen Rüstungsunternehmen.
9. Im Zuge der Immobilienkrise ist erneut eine Bank in den USA zusammengebrochen.
10. Von einer Pleite bedroht sind auch die beiden US-Immobilienfinanzierer „Fannie Mae“ und „Freddie Mac“, nachdem beide am Freitag einen Kurssturz an der Börse verzeichneten.
11. Lange Zeit war Rockmusik in Kuba verpönt.
12. Sie wurde unter Fidel Castro als dekadentes Symbol des kapitalistischen Lebensstils angesehen.
13. Der spanische Radrennfahrer wurde positiv getestet und umgehend von seinem Rennstall suspendiert.

Reihenweise Hilfe beim Deutschlernen!

Deutsch üben, die Reihe für Anfänger zum Üben, für Fortgeschrittene zur gezielten Wiederholung. Sämtliche Bände verwendbar für Selbstlerner und als Zusatzmaterial zu jedem Lehrbuch.

Bildnachweis: © Getty Images/E+/pixelfit

deutsch üben:

Band 1
„mir" oder „mich"?
Übungen zur Formenlehre
ISBN 978-3-19-007449-5

Band 3/4
Weg mit den typischen Fehlern!
Teil 1: ISBN 978-3-19-007451-8
Teil 2: ISBN 978-3-19-007452-5

Band 5/6
Sag's besser!
Arbeitsbücher für Fortgeschrittene
Teil 1: Grammatik
ISBN 978-3-19-007453-2
Teil 2: Ausdruckserweiterung
ISBN 978-3-19-007454-9

Band 8
„der", „die" oder „das"?
Übungen zum Artikel
ISBN 978-3-19-007456-3

Band 11
Wörter und Sätze
Satzgerüste für Fortgeschrittene
ISBN 978-3-19-007459-4

Band 12
Diktate hören - schreiben - korrigieren
Mit 2 Audio-CDs
ISBN 978-3-19-007460-0

Band 13
Starke Verben
Unregelmäßige Verben des Deutschen zum Üben & Nachschlagen
ISBN 978-3-19-007488-4

Band 14
Schwache Verben
Regelmäßige Verben des Deutschen zum Üben & Nachschlagen
ISBN 978-3-19-007489-1

Band 15
Präpositionen
ISBN 978-3-19-007490-7

Band 16
Verb-Trainer
Das richtige Verb in der richtigen Form
ISBN 978-3-19-107491-3

Band 17
Adjektive
ISBN 978-3-19-107450-0

deutsch üben — Taschentrainer:

Präpositionen
ISBN 978-3-19-007493-8

Wortschatz Grundstufe
A1 bis B1
ISBN 978-3-19-057493-3

Unregelmäßige Verben
A1 bis B1
ISBN 978-3-19-157493-2

Zeichensetzung
PDF-Download
ISBN 978-3-19-117493-4

Artikel
ISBN 978-3-19-207493-6

»Das Gleiche ist nicht dasselbe!«
Stolpersteine der deutschen Sprache
PDF-Download
ISBN 978-3-19-267493-8

Briefe, E-Mails & Co.
Beispiele und Übungen
ISBN 978-3-19-307493-5

Fit in Grammatik A1/A2
ISBN 978-3-19-357493-0

Fit in Grammatik B1
ISBN 978-3-19-607493-2

www.hueber.de/deutsch-lernen

Hueber

Deutsch üben –
bis zur Perfektion!

Ideal für fortgeschrittene Deutschlernende zum Üben und Wiederholen. Abwechslungsreiche Aufgaben mit Illustrationen und Lösungen im Anhang sorgen für erfolgreiches Lernen.

Bildnachweis: © Getty Images/E+/LeoPatrizi

Deutsch üben
Lesen & Schreiben B2
Buch (144 Seiten)
Format: 16,8 x 24,0 cm, kartoniert
ISBN 978-3-19-597493-6

Deutsch üben
Wortschatz & Grammatik B2
Buch (184 Seiten)
Format: 16,8 x 24,0 cm, kartoniert
ISBN 978-3-19-427493-8